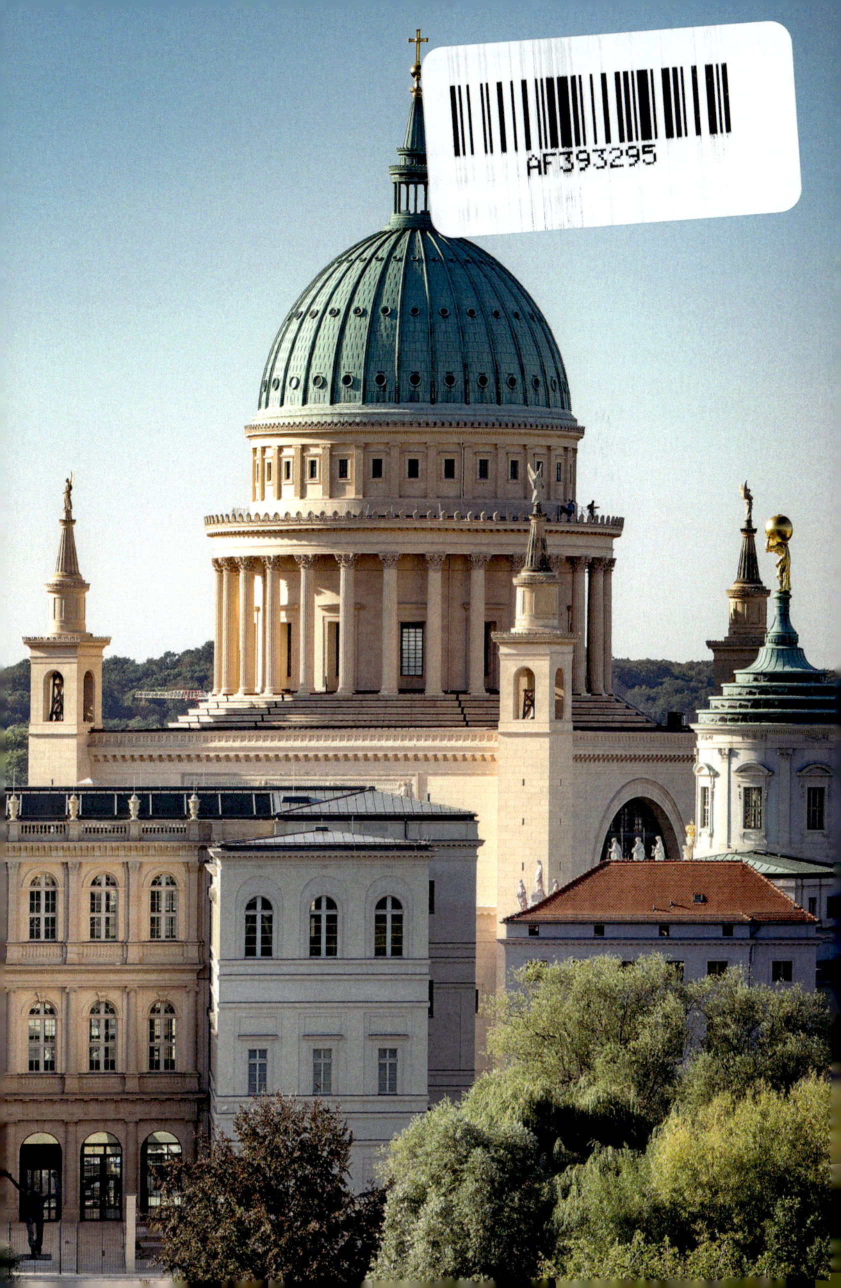
AF393295

Der Stadtrundgang „Italien in Potsdam" entstand anlässlich der Ausstellung „Wege des Barock" im Museum Barberini im Sommer 2019 in Zusammenarbeit mit der Stiftung Preußische Schlösser und Gärten Berlin-Brandenburg.

Mit dieser Ausstellung kamen Exponate aus dem Palazzo Barberini in Rom, der eine der wichtigsten Sammlungen römischer Barockmalerei beherbergt, nach Potsdam ins Museum Barberini. Namensgeber des Museums ist das Palais Barberini, das Preußenkönig Friedrich der Große 1771 in Potsdam nach dem Vorbild des römischen Palazzo Barberini, dem Familiensitz der gleichnamigen Kardinalsfamilie, hatte bauen lassen. Nach seiner Zerstörung kurz vor Ende des Zweiten Weltkriegs wurde das Gebäude ab 2013 im Auftrag der Hasso Plattner Foundation originalgetreu am ursprünglichen Standort wiedererrichtet und 2017 als modernes Kunstmuseum eröffnet.

Die erste Zusammenarbeit der beiden Palazzi Barberini und die enge architektonische Verbindung der namensgleichen Gebäude in Rom und Potsdam rückten auch andere Potsdamer Bauwerke in den Blick, die auf römische oder italienische Vorbilder zurückgehen. Maßgebliche Initiatoren sind die beiden preußischen Könige Friedrich II. und Friedrich Wilhelm IV. gewesen, die damit im 18. und 19. Jahrhundert in Potsdam ihre jeweils eigene Vision eines italienischen Traums verwirklichten. War es der Wunsch Friedrichs II., die Bedeutung und Ausstrahlung der Potsdamer Residenz durch Anklänge an prachtvolle antike und barocke Gebäude zu steigern, trieben Friedrich Wilhelm IV. romantische Ideen an, bauliche Großprojekte nach römischen Motiven zu planen und zu realisieren. So verwandelte Italien als Sehnsuchtsort die Stadt Potsdam in ein kleines Rom des Nordens und die Mark Brandenburg in eine italienische Landschaft.

Vor diesem historischen Hintergrund entstand anlässlich der Ausstellung im Museum Barberini mit

Abb. Seite 1:
Blick auf Potsdam

Unterstützung der Stiftung Preußische Schlösser und Gärten Berlin-Brandenburg eine Audioguide-Tour durch die Stadt Potsdam. Sie führt zu ausgewählten Gebäuden und Kunstwerken nach italienischen Vorbildern oder Motiven. Sprecher dieser Tour ist Günther Jauch. Sie steht dauerhaft auf der Museum Barberini App für Smartphones kostenfrei zur Verfügung.

Die Stiftung Preußische Schlösser und Gärten Berlin-Brandenburg und das Museum Barberini folgen mit der Herausgabe dieses Kunstführers dem vielfachen Wunsch, diese Tour auch in gedruckter Form zur Verfügung zu stellen. Dem Text von Dorothee Entrup, verfasst unter redaktioneller Mitarbeit von Sigrid Hoff, ist eine Karte beigefügt, die Lage und Ansicht der einzelnen Stationen zeigt. Die Photographien aus Italien und Potsdam machen die oftmals verblüffenden Parallelen augenfällig.

Der Rundgang vereint 30 Bauwerke, Plätze und Skulpturen in der Innenstadt Potsdams sowie im Park Sanssouci. Diese Auswahl ließe sich noch um viele Orte erweitern. Im Übrigen soll sie auch zu weiteren Entdeckungen in Potsdam und Umgebung einladen.

Christoph Martin Vogtherr
Generaldirektor
Stiftung Preußische Schlösser und Gärten
Berlin-Brandenburg

Ortrud Westheider
Direktorin
Museum Barberini Potsdam

Bella Italia in Potsdam – Ein Stadtrundgang

*Wissen Sie eigentlich,
wie viel Italien in Potsdam steckt?*

Kaum eine andere deutsche Stadt ist so stark wie Potsdam geprägt durch die Sehnsucht nach Italien, dem Land der lieblichen Landschaften und der südlichen Sonne. Flair, Leichtigkeit und Schönheit italienischer Städte sollten sich nach dem Willen der Erbauer auch in der Stadt an der Havel widerspiegeln.

„Zu meines Vaters Zeiten war Potsdam ein elendes Nest. (…) Ich habe die Pläne der schönsten Bauwerke Europas, insbesondere Italiens ausgewählt und lasse sie im kleinen und meinen Mitteln entsprechend ausführen." … schrieb Friedrich der Große im Jahr 1758 über seine Bemühungen, seiner Residenzstadt weltläufigen Glanz zu verleihen. Aber nicht nur er, sondern auch sein Urgroßneffe, Friedrich Wilhelm IV., hat einen großen Anteil daran.

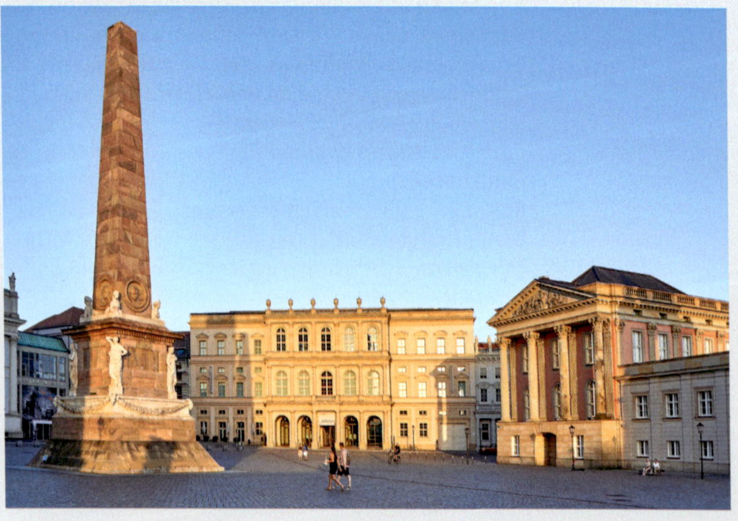

Alter Markt, Potsdam

Palais Barberini

Die prächtigste Fassade des Platzes hat das Palais Barberini. Hell schimmert der gelbliche Sandstein in der Sonne, eindrucksvoll erhebt sich die Fassade. Verschiedene klassische Säulenformen schmücken den Mittelteil, große Bogenfenster lassen prächtige Säle dahinter vermuten und ganz oben zieren riesige Vasen das Gebäude.

Man fühlt sich nach Rom versetzt. Dort, am Hang des Quirinals, eines der sieben Hügel Roms, steht der Palazzo Barberini. Papst Urban VIII., Mitglied der Familie Barberini, beauftragte die besten Architekten seiner Zeit mit dem Bau eines Familienpalastes. Seit seiner Erbauung 1632 galt das Gebäude in ganz Europa als Inbegriff des barocken Palazzos.

Etwas Vergleichbares wollte Friedrich der Große auch haben: Seit 1750 ließ er den Alten Markt in eine italienische Piazza verwandeln, gesäumt von Fassaden der italienischen Renaissance und des Barock. Aus eigener Anschauung kannte Friedrich die italienischen Bauten allerdings nicht, denn eine Italienreise hat er nie unternommen. Während seine Zeitgenossen als junge Edelleute bei einer Grand Tour nach Italien reisten, stand der junge Friedrich als Kronprinz nach einem missglückten Fluchtversuch unter Arrest und anschließend unter strenger Überwachung seines Vaters. Eine Bildungsreise ins Ausland, bevor die beruflichen Pflichten riefen, war für ihn ausgeschlossen. So verschaffte er sich seine Vorstellung von Italien, für das alle Reisenden und Kunstliebhaber schwärmten, mit Hilfe von Büchern, Bildern und Reiseberichten.

Der Ästhet Friedrich wollte sich am Alten Markt, an dem sein Stadtschloss stand, mit Meisterwerken italienischer Architekten umgeben. Carl von Gontard und Georg Christian Unger erhielten 1771 von ihm den Auftrag, das Potsdamer Palais Barberini nach der

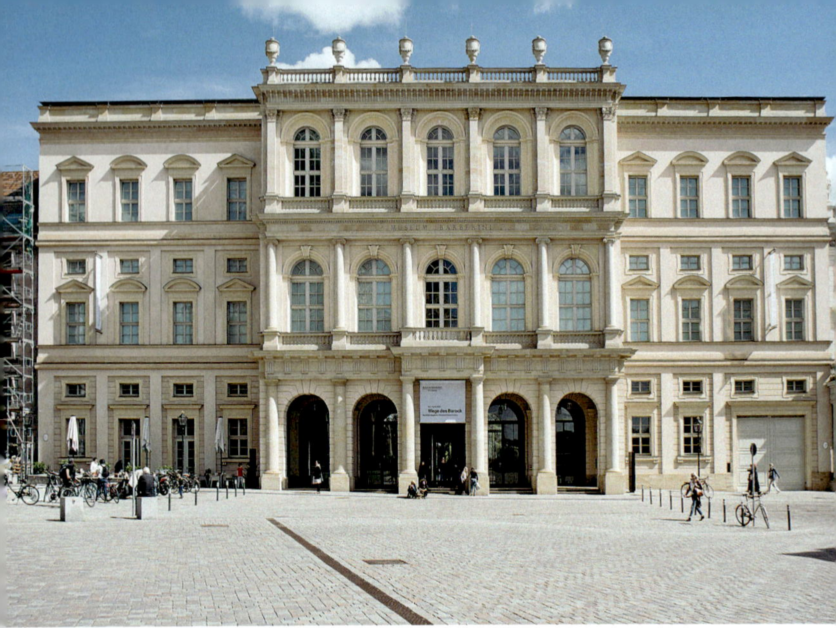

Vorlage eines Kupferstichs von Piranesi zu errichten. Den Stich hatte Friedrich ursprünglich für seine Bibliothek erworben.

Während der römische Palazzo Barberini ein Adelspalais war, wohnten in seinem Potsdamer Pendant bürgerliche Familien. Die prächtige Fassade war nur eine Kulisse: Die dahinterliegenden Etagen entsprachen nicht der äußeren Gliederung und in den Zwischengeschossen befanden sich teils niedrige und schlecht belichtete Räume.

Der Potsdamer Oberhofbaurat Heinrich Ludwig Manger kritisierte 1786, dass der König bei seinem Repräsentationsdrang leider keine Rücksicht auf die Bedürfnisse seiner Bürger nähme.

Für Friedrich den Großen war das Palais Barberini der wichtigste Baustein für die römische Inszenierung des Alten Markts. Die beiden Seitenflügel auf der Rückseite wurden erst Mitte des 19. Jahrhunderts

von Ludwig Persius, dem Architekten Friedrich Wilhelms IV., angefügt.

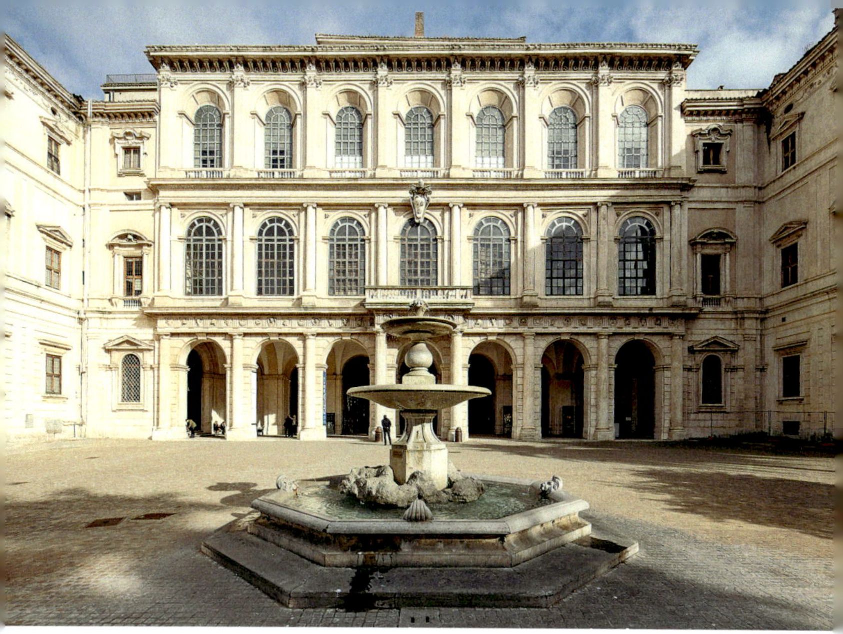

1945 wurde das Schmuckstück des Alten Markts von Bomben zerstört und erst 70 Jahre danach ist das Palais Barberini wiederaufgebaut.

Über den Fenstern der Beletage ist die neue Nutzung des Hauses in den Stein gefräst: Museum Barberini.

Alter Markt – Altes Rathaus – Obelisk

Dieser Platz galt einst als einer der schönsten Plätze Europas! Und kaum ein anderer Platz nördlich der Alpen weist so viele Zitate römisch-italienischer Architektur auf.

Vor dem Potsdamer Stadtschloss gelegen, wollte Friedrich der Große ihn zur Visitenkarte preußischer

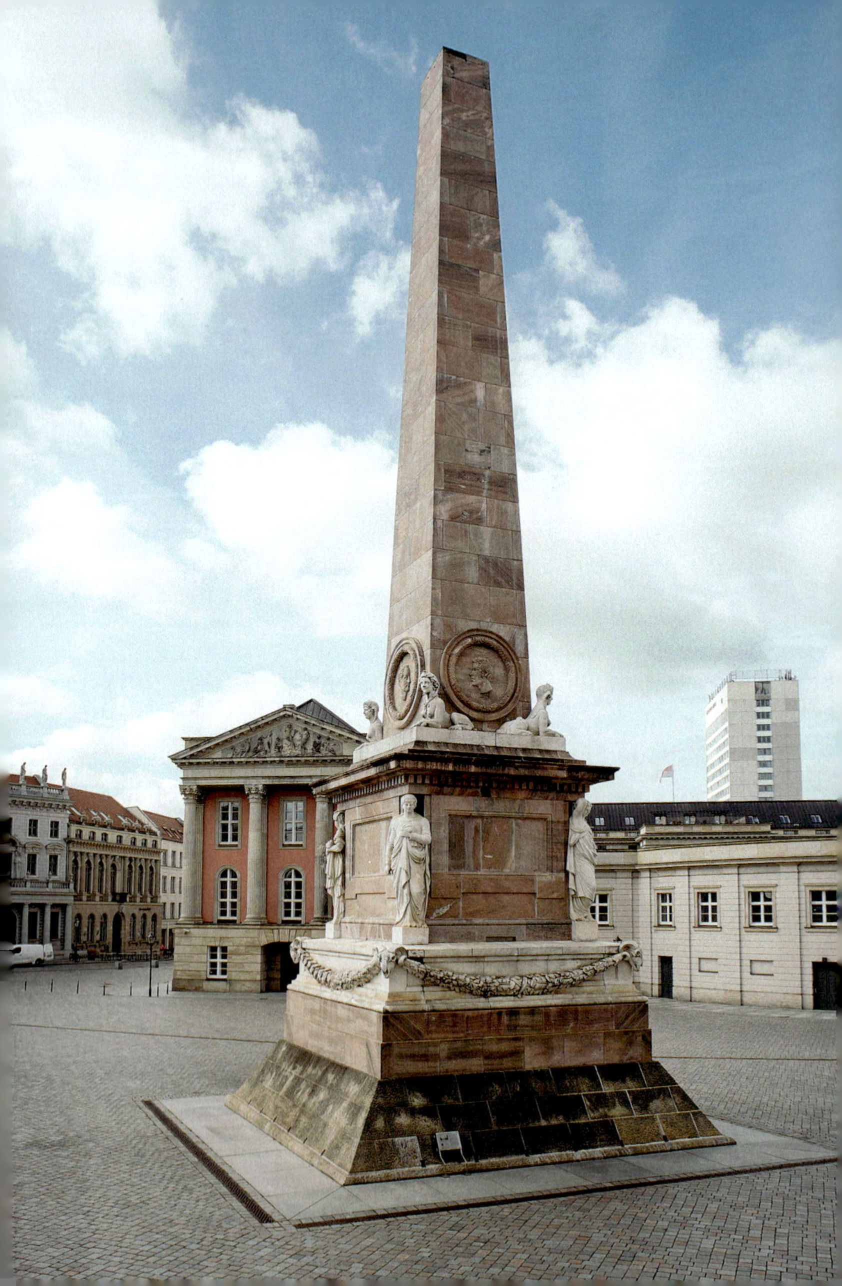

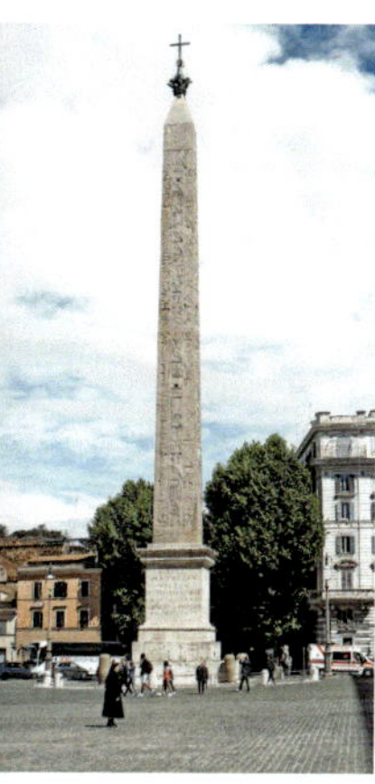

Piazza San Giovanni in Laterano, Rom

Weltläufigkeit machen. Aus dem Alten Markt, auf dem dienstags und samstags der Wochenmarkt stattfand, sollte eine römische Piazza werden. Schon der Große Kurfürst Friedrich Wilhelm hatte im 17. Jahrhundert den Alten Markt mit Schloss und Stadtkirche zum Zentrum der Residenzstadt ausgebaut. Unter seinem Urenkel Friedrich dem Großen erhielt der Platz ab 1750 sein italienisches Gepräge.

Während das barocke Stadtschloss nach dem Umbau durch Friedrichs Architekten Georg Wenzeslaus von Knobelsdorff auf französische Vorbilder verweist, schaute Friedrich für die übrigen Gebäude rund um den Platz vor allem nach Rom. Francesco Algarotti, ein venezianischer Graf, stand dem König als künstlerischer Berater zur Seite. Neben dem Palazzo Barberini standen weitere italienische Villen Modell für den Alten Markt. An das Palais Barberini schließen sich rechts die Palazzi Chiericati und Pompei an, die mit ihren säulengeschmückten Fassaden Vorbilder der italienischen Renaissance nachahmen.

Auf der Ostseite des Platzes, links vom Barberini, erhebt sich das Alte Rathaus mit seiner zylindrischen Kuppel und dem goldenen Atlas mit Weltkugel auf der Spitze. Jan Boumann errichtete das Rathaus nach einem Entwurf des italienischen Renaissance-Baumeisters Andrea Palladio für eine Villa in Vicenza.

Ein Obelisk markiert die Mitte des Alten Markts. Friedrichs Architekt und Freund Knobelsdorff hatte solche Exemplare auf seiner Italienreise in Rom gesehen, wo bis heute acht ägyptische und fünf antike römische Obelisken auf öffentlichen Plätzen stehen.

Nun sollte er in Friedrichs Auftrag gleich mehrere davon für Potsdam entwerfen. Der Obelisk am Alten Markt entstand in den Jahren 1753 bis 1755: eine Vierkantsäule aus rotem und weißem Marmor, die sich nach oben verjüngt. Wie in Rom wurde der Obelisk auch in Potsdam in die Mitte des Platzes gesetzt, vergleichbar etwa der Piazza di San Giovanni in Latera-

◁ Alter Markt, Potsdam

no. Die vier Seiten über dem Sockel zierten übrigens ursprünglich Portraitmedaillons der preußischen Könige. In der DDR-Zeit wurden sie durch Bildnisse königlicher Baumeister ersetzt.

Nach Kriegsende 1945 glich der Alte Markt einem Trümmerfeld. Die italienische Piazza, einst ein Glanzstück europäischer Platzarchitektur, blieb über 40 Jahre lang eine weitgehend leere Fläche.

Die Nikolaikirche, das Alte Rathaus mit dem rechts danebenliegenden Knobelsdorffhaus und der Obelisk in der Mitte des Platzes wurden zu DDR-Zeiten wiederhergestellt. Erst nach 1990 folgten die Rekonstruktionen der übrigen Gebäude.

Fortunaportal

Weithin glänzt die goldene Figur der Glücksgöttin auf dem Fortunaportal. Sie wacht über das Eingangstor zum Innenhof des Potsdamer Stadtschlosses. Den Menschen, die durch dieses Portal treten, verspricht die römische Göttin Fortuna Glück, Schutz und Segen.

Zwei Meter hoch, balanciert sie wie eine Tänzerin auf einer Weltkugel und schüttet aus einem Füllhorn ihre Wohltaten aus. Trotz ihres Gewichts von immerhin fünf Zentnern dreht sie sich anmutig im Wind.

Der Entwurf des Portals stammt von dem holländischen Architekten Jean de Bodt. Anlass war die Selbstkrönung des brandenburgischen Kurfürsten Friedrich III. zum ersten König in Preußen im Jahr 1701. Er wählte Fortuna zur Schutzpatronin des neuen Königreiches. Sie sollte in Krieg und Frieden über Preußen wachen.

Fortuna ist hier also mehr als nur eine hübsche Krönung des Portals. Als Glücks- und Schicksalsgöttin war sie bereits im alten Rom Symbol politischer Machtansprüche. Der römische König Servius Tullius

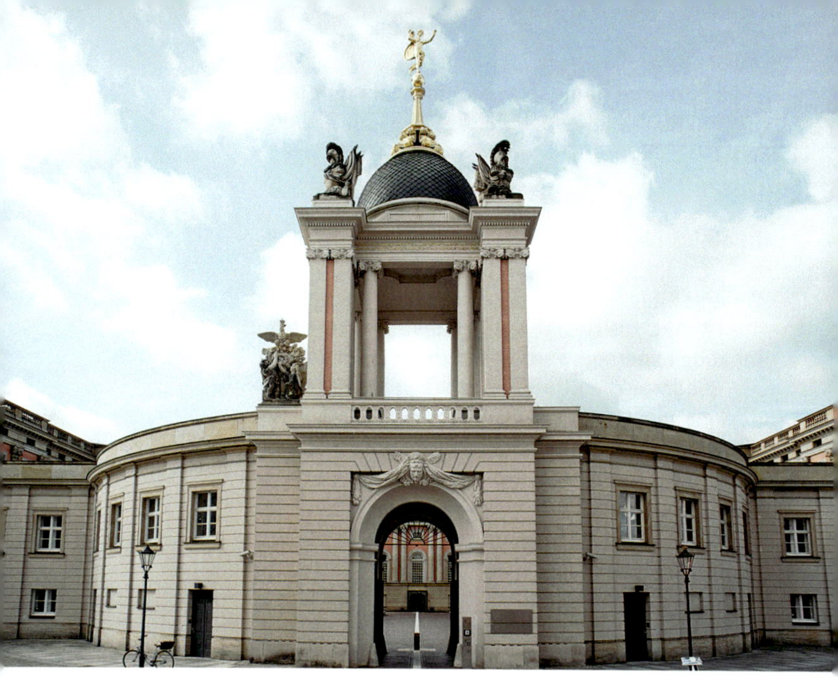

zum Beispiel ließ ihr im 6. Jahrhundert vor Christus zahlreiche Tempel widmen, weil er – der Legende nach – durch ihre Gunst auf den Thron gekommen sein soll. Die Krone ist für den ersten preußischen König Friedrich I. sozusagen ein Glücksgriff, mit dem sich sein Schicksal und das seines Landes verändert.

Ursprünglich hieß das Bauwerk „Königstor", bevor sich um 1900 die Bezeichnung „Fortunaportal" einbürgerte. Das Portal wurde mit dem Potsdamer Stadtschloss während des schweren Luftangriffs auf Potsdam am 14. April 1945, kurz vor Ende des Zweiten Weltkriegs, stark beschädigt. 1960 wurde der gesamte Schlosskomplex im Auftrag des SED-Regimes gesprengt.

Aus Anlass des 300. Jubiläums der Gründung des preußischen Königsreichs entstand das Fortunaportal im Jahr 2001 neu. Das war der Auftakt für die Rekonstruktion weiterer historischer Gebäude am Alten Markt.

Nikolaikirche

Wie eine Glucke thront die Nikolaikirche über dem Alten Markt. Die riesige Kuppel des 77 Meter hohen Gebäudes überragt weithin sichtbar die Umgebung. Den quadratischen Unterbau scheint sie fast zu erdrücken. Diese Kuppel ist eine der eindrucksvollsten Silhouetten Potsdams. Ganz offensichtlich stand die größte Kirche der Welt, der Petersdom in Rom, für den Entwurf Pate. Auch damit weht ein Hauch der Ewigen Stadt durch die brandenburgische Residenz und Garnison.

Über eine Treppe steigt man zu dem Säulenportikus mit Dreiecksgiebel empor, der den Eingang zur Kirche markiert.

Ursprünglich stand an dieser Stelle die alte Stadtpfarrkirche von 1753. Sie besaß eine imposante Südfassade nach dem Vorbild der Kirche Santa Maria Maggiore in Rom. Friedrich II. hatte diese Front im

▷ Nikolaikirche, Potsdam

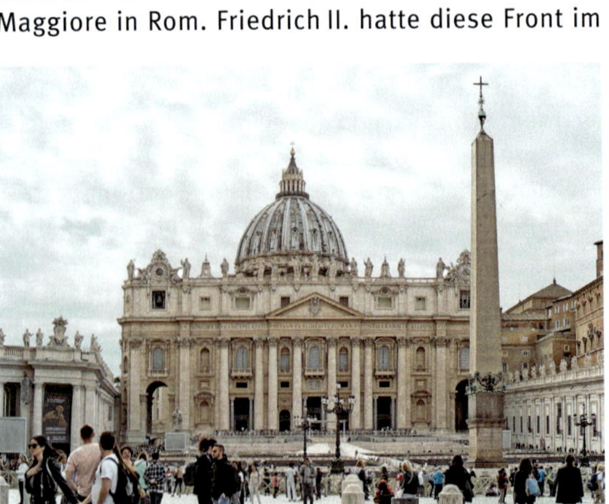

Petersdom, Rom

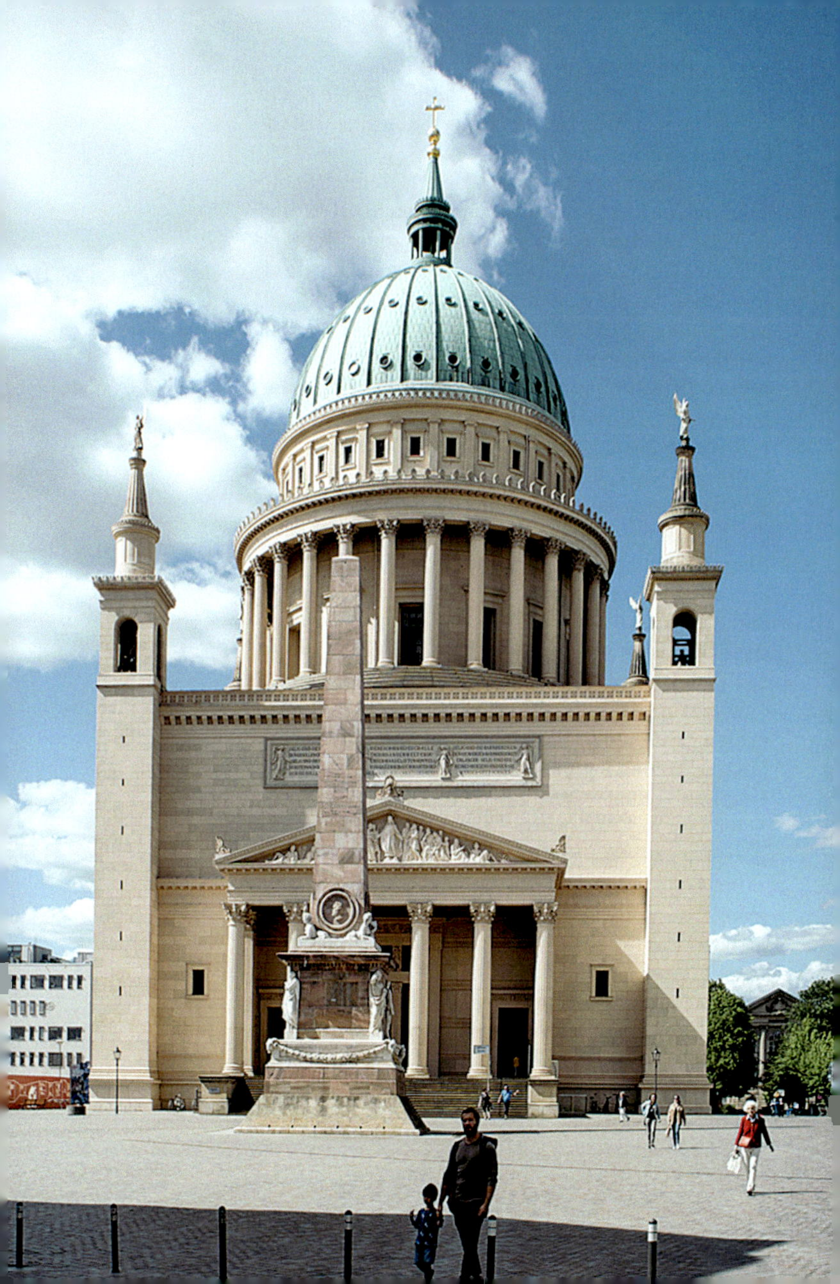

Zuge der italienischen Platzgestaltung vor die Kirche setzen lassen. 1795 fiel das Gotteshaus einem Stadtbrand zum Opfer.

30 Jahre später, 1826, entwarf Karl Friedrich Schinkel die neue Kirche im klassizistischen Stil. Friedrich Wilhelm III., den königlichen Auftraggeber, schreckten jedoch die Kosten ab. Zudem schien die Konstruktion einer Kuppel wegen des morastigen Baugrunds sehr gewagt. Die Gewölbebögen hatten schon kurz nach der Fertigstellung erste Risse gezeigt. Deshalb erhielt die würfelförmige Kirche zunächst ein flaches Satteldach. Schinkel hatte den Bau jedoch für die spätere Ergänzung mit einer Kuppel vorbereitet.

Die feierliche Eröffnung 1837 war eine Blamage. Schinkel hatte keine Einladung erhalten und blieb der Einweihungsfeier fern. Dem König missfiel die Akustik. Predigt und Chorgesang kamen nur undeutlich bei den Hörern an. Friedrich Wilhelm III. verließ daraufhin das Gotteshaus mit dem empörten Ausruf, dass dies in jeder gewöhnlichen Dorfkirche besser sei.

Erst mit seinem Nachfolger Friedrich Wilhelm IV. erhielt die Kirche bis 1850 ihre monumentale Kuppel. Die beiden Schinkel-Schüler Ludwig Persius und Friedrich August Stüler vollendeten das Projekt nach Schinkels Tod. Mit ihr sollte Potsdams Skyline eine italienische Prägung erhalten.

Die Außenkuppel wurde zur ingenieurtechnischen Meisterleistung: Erstmals kam eine gusseiserne Rippenkonstruktion in Preußen zur Anwendung. Für die Innenkuppel verwendete Persius – um das Gewicht zu reduzieren – hohle Tongefäße.

100 Jahre später, beim Bombenangriff auf Potsdam am 14. April 1945, blieb die Kuppel zunächst unversehrt. Erst Artilleriebeschuss in den letzten Apriltagen fügte dem Bau so schwere Schäden zu, dass die Kuppel einstürzte und der Eingangsportikus zerbrach. Mit dem Wiederaufbau in den 1950er Jahren

erhielt die Nikolaikirche eine neue Kuppel, diesmal aus Stahl. Vom Kolonnaden-Umgang unterhalb der Kuppel genießt man in 42 Metern Höhe den Blick auf die Potsdamer Innenstadt.

Acht-Ecken-Platz 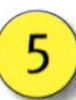

An der Kreuzung der Schwertfegerstraße mit der heutigen Friedrich-Ebert-Straße steht ein Wohnhaus mit einem ungewöhnlichen Eingang. Er befindet sich direkt an der Gebäudeecke, die hier konkav zurückschwingt. Ursprünglich standen an allen vier Seiten der Kreuzung Häuser mit einem ähnlichen Eckeingang. Im Volksmund bürgerte sich schnell der Ausdruck „Acht-Ecken-Platz" ein, denn jedes Haus hatte durch den Eingang auf der Ecke zwei Ecken, damit ergaben sich insgesamt acht Ecken.

Die Bauten wurden von 1771 bis 1774 von Georg Christian Unger errichtet. Die nach hinten gewölbten Eingangsseiten schmückte Unger mit Balkonen in der ersten Etage und hohen Bogenfenstern. Bei einem Blick nach Rom auf den Quirinalhügel kommt dem Rom-Kundigen der Platz in der Nähe des Palazzo Barberini in den Sinn, an dem sich die Via Quirinale und die Via delle Quattro Fontane kreuzen. Dort sind seit 1588 Brunnennischen in die vier Eckgebäude eingefügt, in denen Figuren von vier Gottheiten stehen. Ungers Lehrer Carl von Gontard war beeindruckt von dieser Anlage, als er sie während seiner Romreise 1755 kennenlernte. Gontards Beschreibung brachte seinen Schüler Unger auf die Idee, etwas Ähnliches für Potsdam zu entwerfen.

Unger kam wie sein Lehrer Gontard aus Bayreuth. Dort hatte die Lieblingsschwester Friedrichs des Großen, Markgräfin Wilhelmine, 1756 eine „Akademie der freyen Künste und Wissenschaften" gegründet, an der Carl von Gontard lehrte. Wilhelmine schwärm-

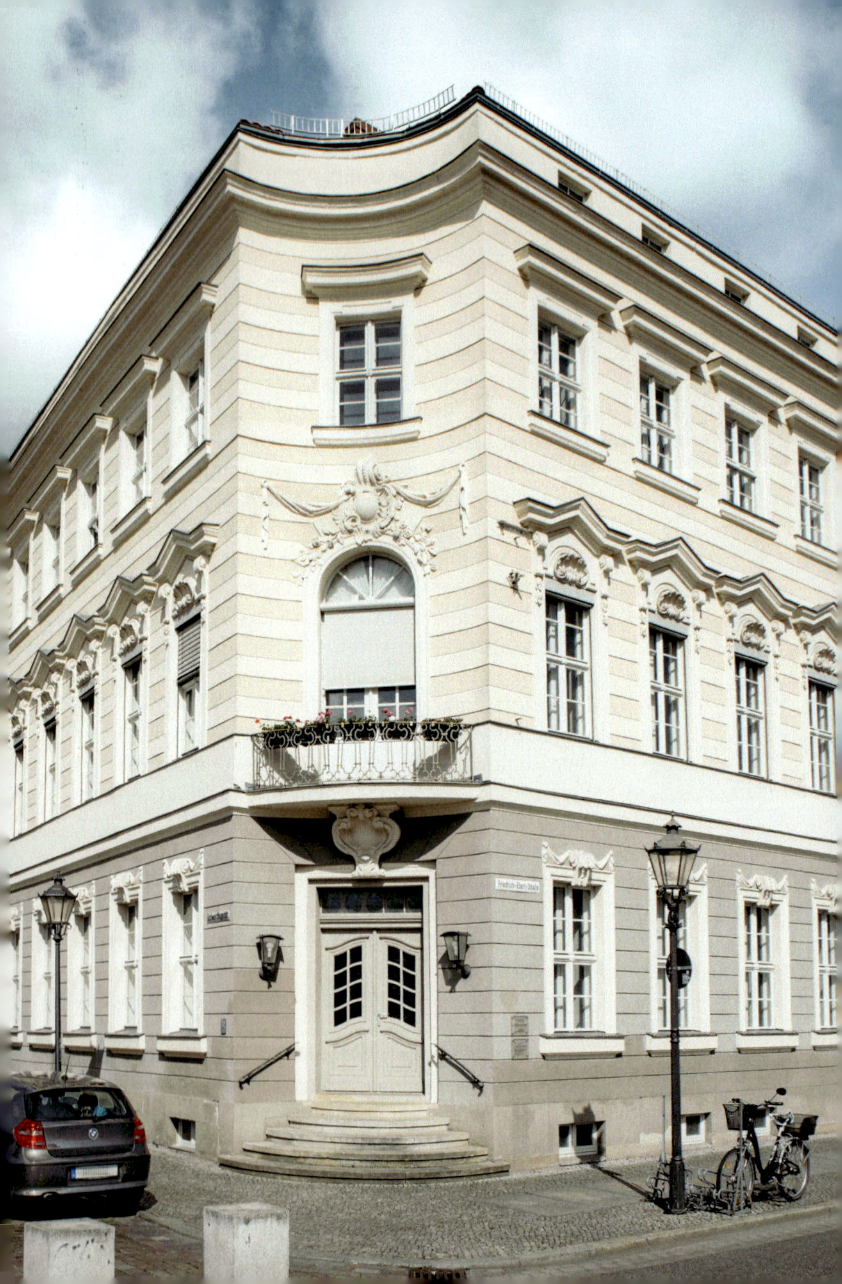

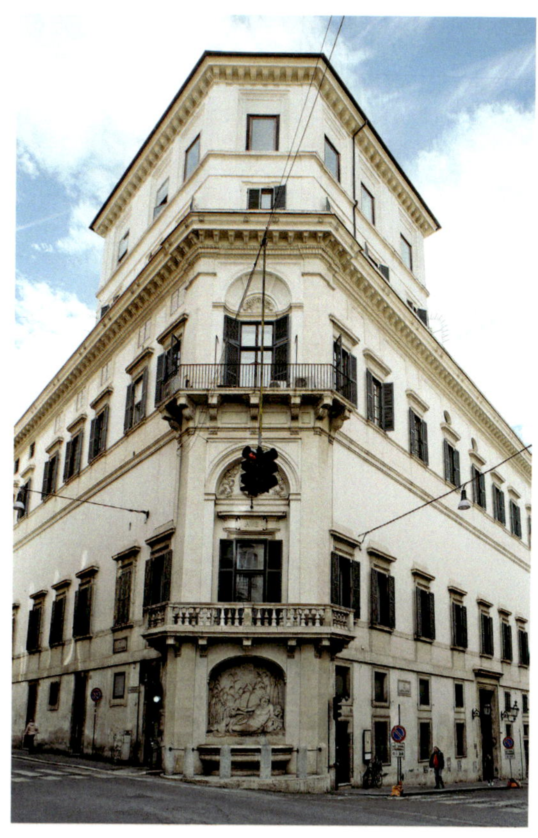

te sehr für Italien, das sie selbst ausgiebig bereist hatte. Dort erhielt Georg Christian Unger seine Ausbildung zum Architekten.

Nach den Kriegszerstörungen 1945 blieb nur eines der Acht-Ecken-Häuser erhalten, das Wohnhaus in der Schwertfegerstraße Nr. 8. Die übrigen Gebäude werden in den kommenden Jahren den Acht-Ecken-Platz wieder vervollständigen.

◁ Acht-Ecken-Platz, Potsdam

Kutschstall am Neuen Markt 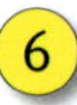

Der sogenannte Neue Markt ist für viele Potsdam-Besucher noch immer ein Geheimtipp. Unweit des Alten Markts liegt er abseits der belebten Straßen. Er ist kleiner und beschaulicher – die Zeit scheint hier stillgestanden zu sein. Das buckelige Kopfsteinpflaster erinnert an vergangene Zeiten.

Auch hier lässt sich Rom in Potsdam entdecken: Die Spuren finden sich am Portal des sogenannten Kutschpferdestalls an der westlichen Platzseite. Es bildet einen markanten Blickpunkt am Ende der Schwertfegerstraße, die einst vom Alten zum Neuen Markt führte. Wenn die Rekonstruktion der Gebäude zwischen Schloss und Bildungsforum abgeschlossen ist, wird diese Achse wieder erlebbar.

Kutschstall, Potsdam

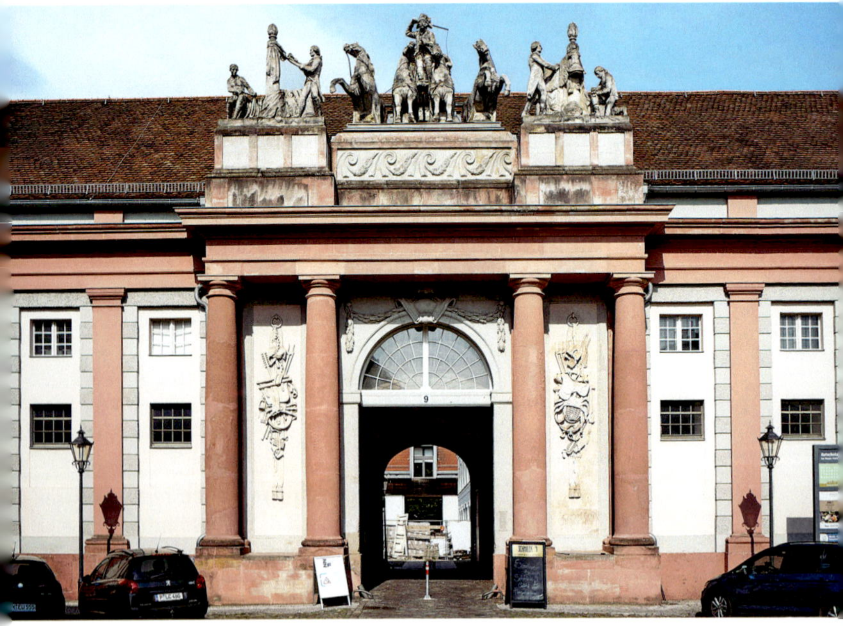

Wie der Name schon sagt, diente das Stallgebäude für die königlichen Kutschpferde. Der Hofbaumeister Andreas Ludwig Krüger erhielt 1787 den Auftrag, das Gebäude umzubauen und zu verschönern. Das Eingangsportal erinnert an einen römischen Triumphbogen. Die Form ähnelt dem Ehrenbogen für Kaiser Titus aus dem 1. Jahrhundert nach Christus. Dieser steht am Beginn der Via Sacra auf dem Forum Romanum. In Potsdam flankieren jeweils zwei Säulen aus rotem Sandstein, einem in der Mark Brandenburg eher selten anzutreffenden Baustoff, die Durchfahrt. Statt aber kriegerische Verzierungen zu zeigen, wie es für einen römischen Triumphbogen angemessen wäre, finden sich zwischen den Säulen Gehänge aus Sattel- und Zaumzeug.

Titusbogen, Forum Romanum, Rom

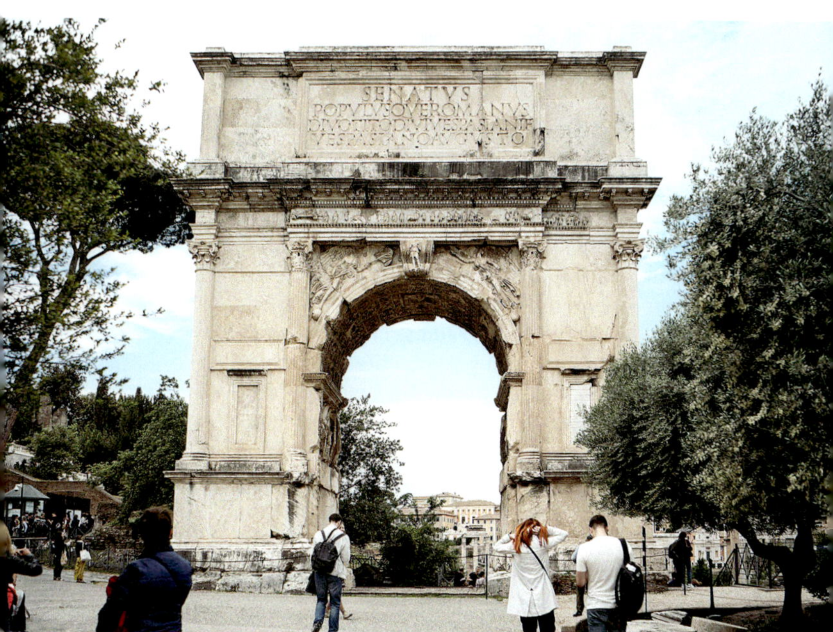

Auch die Quadriga über dem Portal ist ungewöhnlich: Die lebhafte Szene zeigt keinen römischen Streitwagen beim Triumphzug, sondern den Leibkutscher Friedrichs des Großen, Johann Georg Pfundt. Links und rechts der Quadriga sind Stallburschen dargestellt, die ihrem Alltagsgeschäft nachgehen.

Der Neue Markt blieb von Zerstörungen sowohl im Zweiten Weltkrieg wie auch zu DDR-Zeiten verschont. Der Stallplatz des Hofes war einst von weiteren Wirtschaftsgebäuden gesäumt. Seinen jetzigen Namen erhielt er im Jahr 1725. Ein Markt wurde hier jedoch nie abgehalten.

Französische Kirche

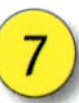

Die Französische Kirche ist in jeder Hinsicht ein ganz besonderes Gotteshaus. Das Pantheon in Rom, der Tempel aller Götter, stand Pate für den Bau. Das Potsdamer Pendant wirkt allerdings wie eine Miniaturausgabe des römischen Vorbilds, angepasst an die Dimensionen der preußischen Residenzstadt. Seine Schauseite mit den vier römisch-dorischen Säulen, die einen Dreiecksgiebel tragen, erinnert an einen antiken Tempel. Dahinter erhebt sich ein ovaler Rundbau mit einer kupfergedeckten flachen Kuppel.

Die Römer nennen ihr monumentales Pantheon La Rotonda, wegen des Innenraums. Er ist so angelegt, dass er eine riesige Kugel von über 43 Metern Durchmesser umschließen würde. Bis heute gilt der Bau als eines der herausragenden Beispiele antiker Architektur. Noch bis zur industriellen Revolution war seine Kuppel die größte der Welt. Und nicht zuletzt ist das Pantheon eines der besterhaltenen Bauwerke der römischen Antike. Zunächst als Tempel im 2. Jahrhundert nach Christus auf dem römischen Marsfeld errichtet, wurde es im 7. Jahrhundert als christliche Kirche geweiht.

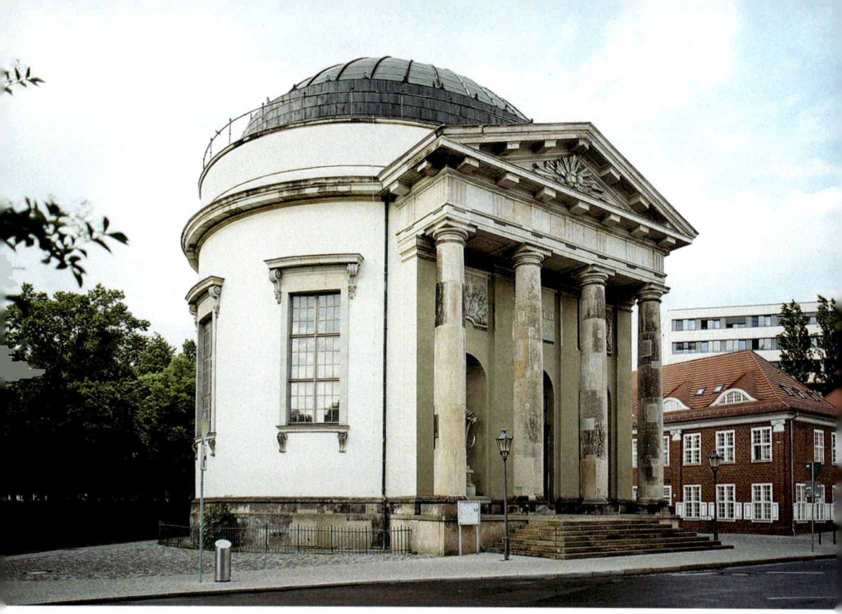

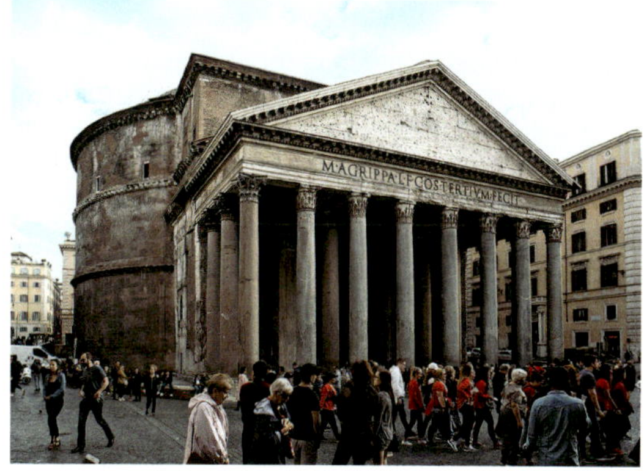

Die dieser Ikone antiker Architektur nachempfundene Potsdamer Kirche hatte der königliche Hofbaumeister Georg Wenzeslaus von Knobelsdorff 1751 entworfen. Die Ausführung lag in den Händen von Jan Boumann. Die Umwidmung eines ursprünglich römischen Tempels für alle Götter in eine Kirche passte gut zu Friedrichs aufgeklärten Vorstellungen. Damit unterstrich er, dass in seinem Preußen *„jeder nach seiner Faßon selich"* werden sollte.

Es ist die einzige Kirche, die Friedrich der Große in Potsdam erbauen ließ – sein Geschenk an die französisch-reformierte Gemeinde, zu der er enge Bindungen unterhielt.

Der Bau ist allerdings kein Bekenntnis Friedrichs zur Religion. Nüchterne wirtschaftliche Erwägungen waren das Motiv: Der König wollte die hugenottischen Glaubensflüchtlinge aus ökonomischen Gründen enger an Preußen binden: *„Sie halfen unsre verödeten Städte wieder bevölkern und verschafften uns die Manufakturen, welche uns mangelten … ".*

Brandenburger Tor   ⑧

In hellem Gelb leuchtet das Tor am westlichen Ende der Brandenburger Straße freundlich in der Sonne. Es ist schon von weitem ein Blickfang. Für auswärtige

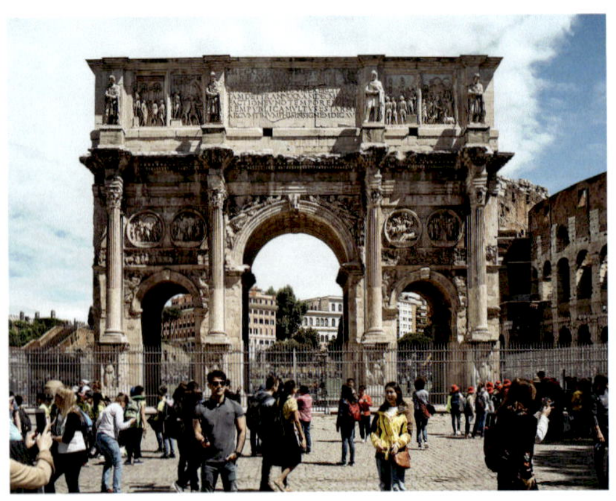

Konstantinsbogen, Rom

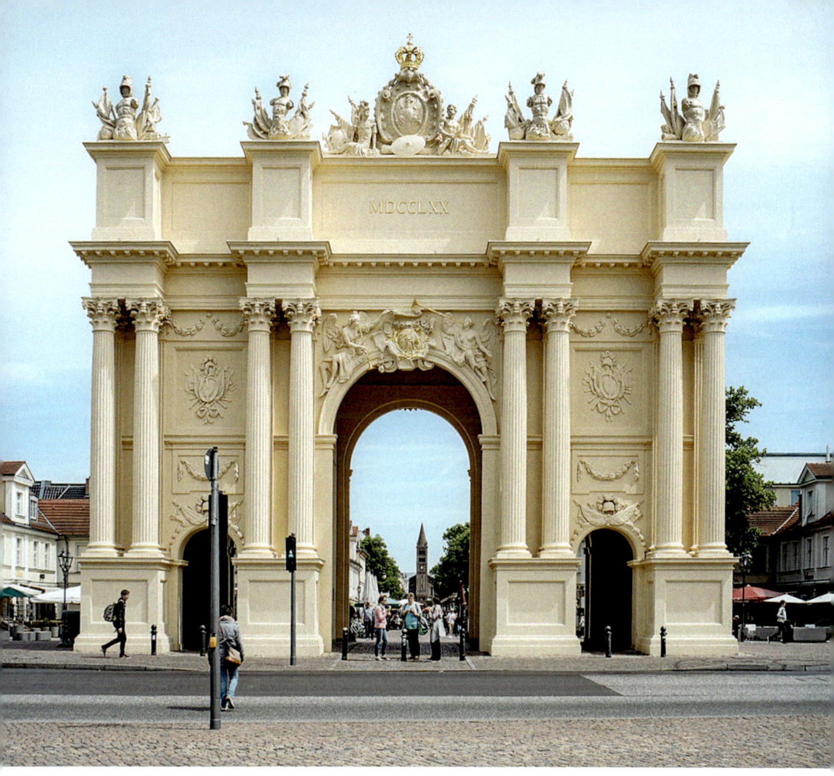

Gäste ist es mitunter verwirrend, dass auch Potsdam ein Brandenburger Tor besitzt. Es ist noch dazu knapp 20 Jahre älter als sein Namensvetter in Berlin. Der majestätische Potsdamer Torbogen hat seine Vorbilder in römischen Triumphbögen, vor allem dem Konstantinsbogen aus dem 4. Jahrhundert. Er steht gleich neben dem Kolosseum in Rom, an der Via Triumphalis, einer Prachtstraße, auf der römische Feldherren nach siegreichen Schlachten triumphal in die Stadt einzogen.

Als Friedrich der Große in Potsdam das Tor 1770 an dieser Stelle errichten ließ, war er wenige Jahre zuvor selbst als erfolgreicher Feldherr und Sieger aus dem Siebenjährigen Krieg zurückgekehrt. Die römische

Architektur erschien ihm also durchaus angemessen, schließlich war Preußen damit zur europäischen Großmacht aufgestiegen. In Rom, wie auch bei dem kleineren Potsdamer Abbild, prägt eine hohe Durchfahrt mit Rundbogen die Mitte des Tores. Die niedrigen Durchgänge an den Seiten wurden in Potsdam erst später für Fußgänger geöffnet, zunächst gab es hier nur Fenster der Wachstuben.

Friedrich beauftragte gleich zwei Architekten mit dem Entwurf: Georg Christian Unger gestaltete die prächtige Feldseite zum Luisenplatz hin, verziert mit vier korinthischen Doppelsäulen. Bekrönt wird das Tor von einer großen Wappenkartusche mit dem preußischen Adler, flankiert von Mars und Herkules. Friedrichs Initialen „FR", Fridericus Rex, prangen in der Mitte über der Durchfahrt, von zwei Fanfaren blasenden Ruhmesgöttinnen umrahmt.

Die der Stadt zugewandte Seite, nach einem Entwurf von Carl von Gontard, ist weitaus schlichter gehalten. Die Ecken schmücken auch hier jeweils Doppelsäulen. Neben der Durchfahrt findet sich allerdings nur eine Säule an jeder Seite. Friedrichs Triumph sollte also vor allem nach außen sichtbar werden, für diejenigen, die die Stadt von Westen her betraten.

Weinberg mit Triumphtor und Winzerhaus

9

Ein Torbau, mit Terrakottareliefs malerisch geschmückt, erhebt sich am Fuß des Mühlenbergs, auf der rechten Seite der Schopenhauer Straße. Wie ein Solitär erscheint er hier ein wenig deplatziert. Der Durchgang weist weder auf einen Park noch auf eine Allee, sondern allein auf den bescheidenen Winzerberg, dessen Terrassen sich den Hang hinaufziehen.

Tatsächlich sollte das Triumphtor nach den Plänen Friedrich Wilhelms IV., der ab 1840 regierte, den Auf-

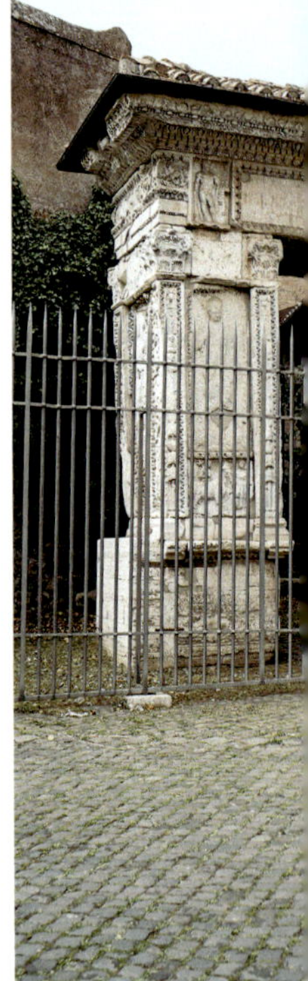

Argentarier-Bogen, Rom

takt zu einem phantastischen Architekturensemble bilden: einer Potsdamer Via Triumphalis. Sie sollte vom Winzerberg über Schloss Sanssouci und die Orangerie bis zum Belvedere auf dem Klausberg führen. Diese Höhenstraße war das Lieblingsprojekt des Königs, allerdings blieb es wegen hoher Kosten und seinem Tod im Jahr 1861 weitgehend unverwirklicht.

Realisiert wurde der Auftakt am Mühlenberg, dem heutigen Winzerberg. 1848 begann der preußische Gartenarchitekt Peter Joseph Lenné, den Hang vis-à-vis des Parks Sanssouci mit Terrassen und Mauern in einen Weinberg zu verwandeln.

▷ Triumphtor, Potsdam

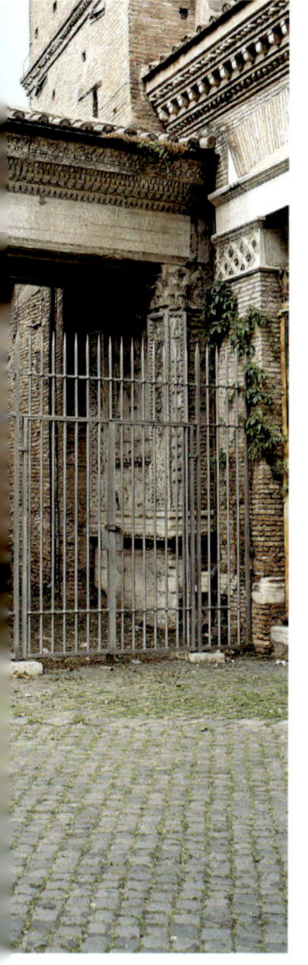

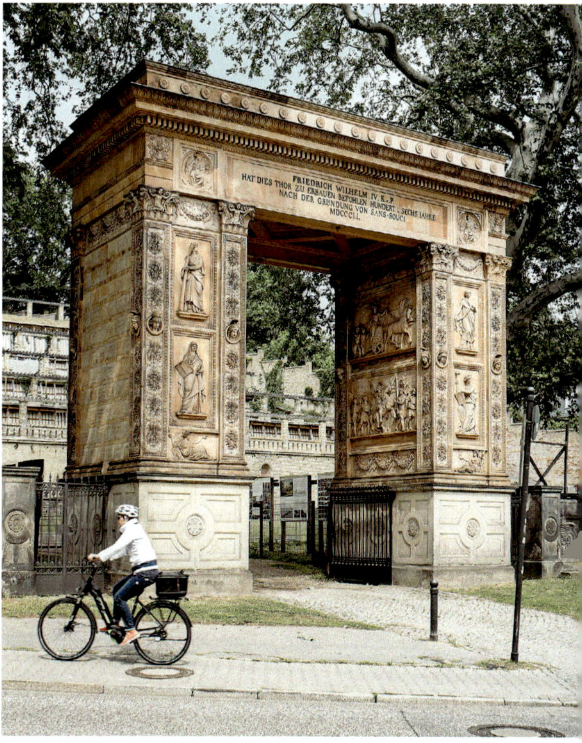

Für das Triumphtor hatte Friedrich Wilhelm IV. selbst erste Entwürfe skizziert. Als architektonisches Vorbild diente ihm der sogenannte Argentarier-Bogen in Rom. Diesen Bogen hatten die am Forum Boarium lebenden Geldwechsler im Jahr 204 nach Christus zu Ehren des Kaisers Septimius Severus errichtet.

Das Tor am Potsdamer Winzerberg entstand 1851/52. Erbaut wurde es von Ludwig Ferdinand Hesse, der dafür vermutlich Pläne des Hofarchitekten Friedrich August Stüler nutzte. Es ist vollständig mit Terrakottareliefs verkleidet. Zu sehen sind auf der Vorderseite Allegorien der Tugenden Stärke, Gerechtigkeit, Mäßigung und Weisheit. Die Reliefs auf der Rückseite huldigen den Künsten. Bemerkenswert sind dabei zwei Darstellungen, die den technischen Fortschritt des 19. Jahrhunderts mit Bildern der Telegraphie und der Eisenbahn würdigen.

Im Inneren des Torbogens illustrieren Reliefs des Künstlers Hermann Schievelbein den Auszug und die ruhmreiche Heimkehr preußischer Soldaten. Die Darstellungen beziehen sich auf Friedrich Wilhelms jüngeren Bruder Wilhelm, den späteren preußischen König und Deutschen Kaiser Wilhelm I. Seinem Sieg ist das Triumphtor gewidmet, weil er den Badischen Aufstand, Teil der bürgerlich-liberalen Märzrevolution, 1849 erfolgreich niedergeschlagen hatte.

Weiter oben, links der Weinbergterrassen, steht eine italienische Turmvilla mit flachen Dächern und gelbem Putz. Ihr Anblick versetzt den Betrachter in liebliche, toskanische Landschaften oder auf oberitalienische Landgüter. Als Blickfang dienen der offene Turm und der vorgesetzte Balkon, getragen von antiken Frauenfiguren, sogenannten Karyatiden. Das ehemalige Gärtnerhaus wurde 1849 von Ludwig Ferdinand Hesse auf diese Weise umgebaut. Im Stil des Winzerhauses entstand eine Reihe weiterer italienischer Turmvillen in Potsdam.

Obelisk von Sanssouci

Weithin sichtbar an der Straße nach Bornim markiert ein Obelisk den östlichen Parkeingang von Sanssouci. Die 20 Meter hohe Sandsteinsäule wurde 1747

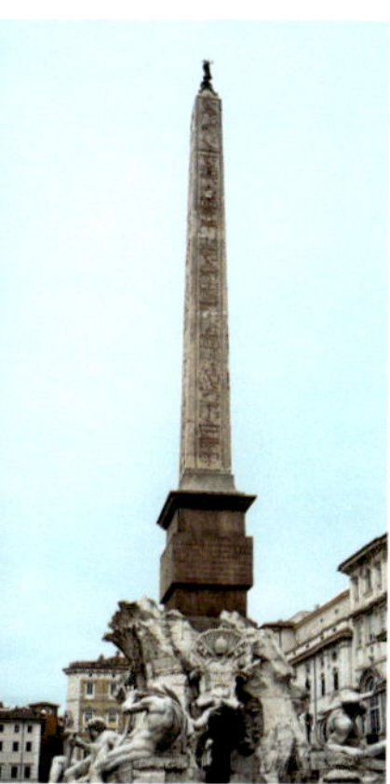

Obelisk Piazza Navona, Rom

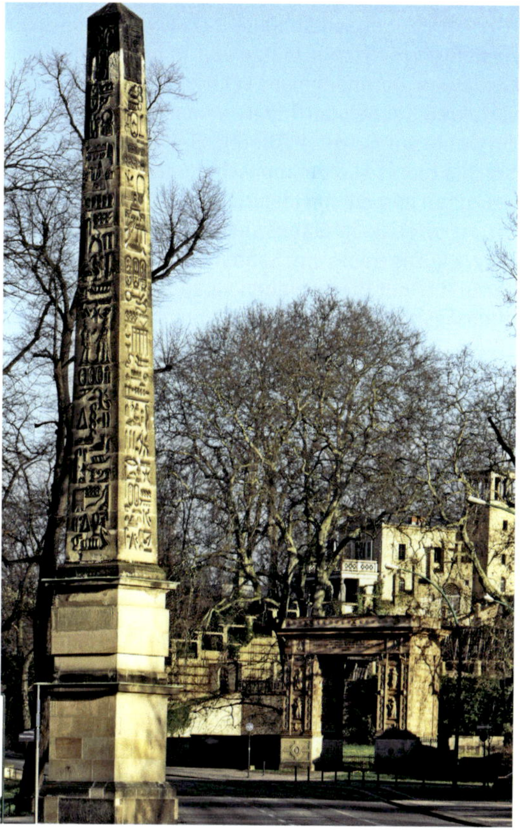

▷ Obelisk in Sanssouci, Potsdam

von Georg Wenzeslaus von Knobelsdorff im Auftrag Friedrichs des Großen geschaffen. Obelisken, Symbole der Strahlen des Sonnengottes und des göttlichen Pharaos im alten Ägypten, waren von römischen Feldherren als Siegeszeichen bei ihrer Rückkehr nach Italien mitgebracht worden. Der Obelisk auf dem Petersplatz in Rom etwa war unter Papst Sixtus V. aufgerichtet worden – als Zeichen des päpstlichen Machtanspruchs.

Friedrich, der selbst nie in Italien war, kannte die Ansichten römischer Plätze von Kupferstichen und Gemälden. Darüber hinaus schickte er eigens den Architekten Knobelsdorff 1736/37 nach Italien, um die Originale vor Ort zu studieren. Bei seiner Rückkehr brachte dieser Skizzen römischer Bauwerke und Tempelruinen mit, die ihn inspirierten.

Der Obelisk in Sanssouci ist ein Entwurf von 1747/48. Die Säule aus Sandstein ist vom Schaft bis zur Spitze mit Hieroglyphen verziert. Die Schrift der alten Ägypter war damals allerdings noch nicht entziffert. Daher verzierte Knobelsdorff den Obelisken mit erdachten Hieroglyphen.

Auch am westlichen Ende der Hauptachse des Parks, am Neuen Palais, finden sich Obelisken. So liegt der Park Friedrichs II. zwischen den Symbolen uralter Machtansprüche.

Neptungrotte 

Neptun ist in seinem Element: In drei Metern Höhe, aufrecht, hoheitsvoll auf seinen Dreizack gestützt, überwacht der römische Meeresgott die Wasserspiele des Brunnens. Anmutige Nymphen links und rechts neben ihm gießen Wasser aus ihren Krügen, das über vier Muschelbecken kaskadenartig in die Tiefe plätschert.

Wie eine Theaterbühne wirkt das Bauwerk, eine Kulisse aus weißem und rotem Marmor im östlichen Lustgarten, unweit der Bildergalerie. In der Mitte, zwischen zwei Säulen, birgt es eine vollständig mit

▷ Neptungrotte, Potsdam

28

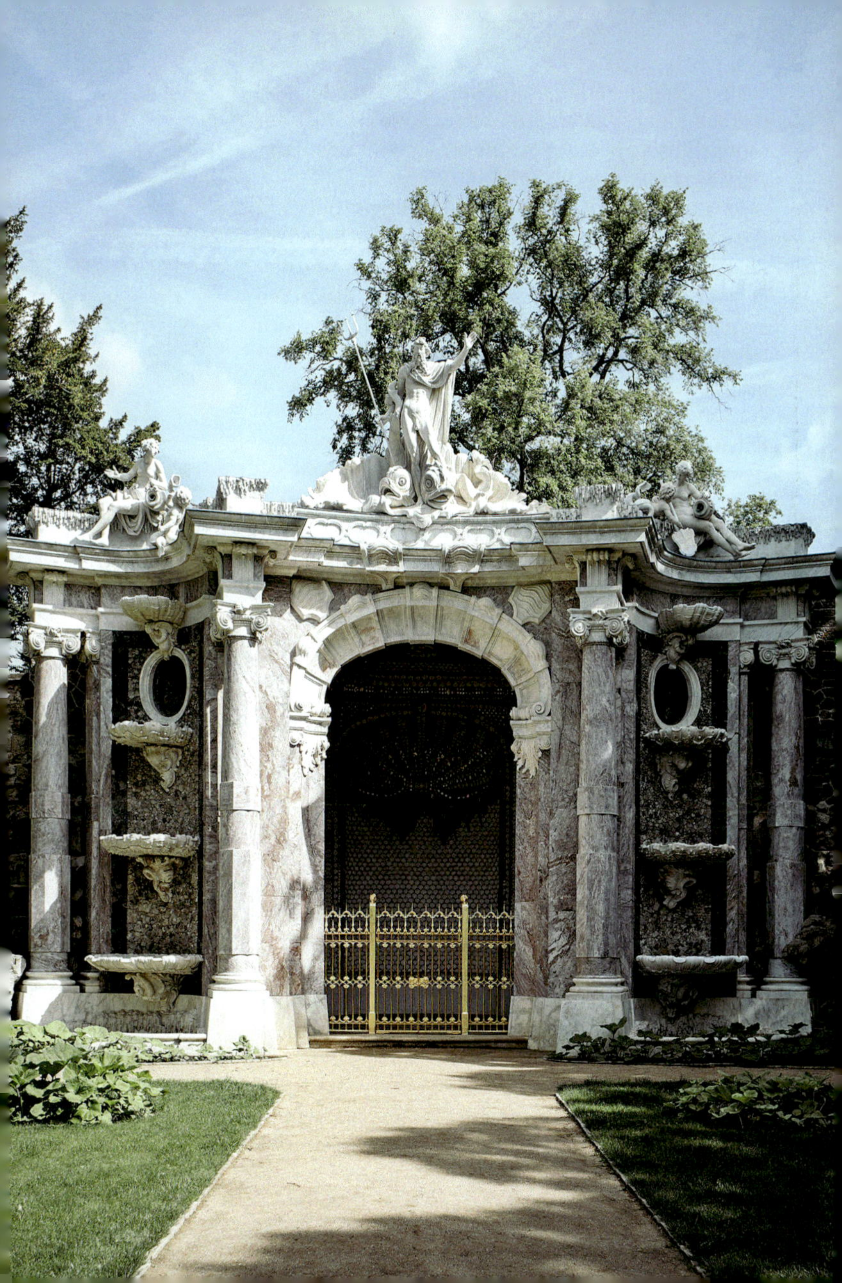

schimmernden Perlmuttmuscheln und bemalten Metallblumen ausgekleidete Grotte. Auffallend ist der rote schlesische Marmor. Dieser verleiht dem Bauwerk ein besonders lebhaftes Aussehen.

Im alten Rom galt Neptun als mächtiger Gott und Herrscher über das Wasser. Grotten oder Brunnen, die ihm gewidmet sind, schmückten die Gartenanlagen schon in der Antike. Seit der Renaissance zieren sie wieder die Gärten Italiens. Verständlich, dass sich Friedrich ebenfalls so ein kunstvolles Wasserspiel für Sanssouci wünschte. Wie eine Miniatur des kurz zuvor errichteten Trevi-Brunnens in Rom erscheint der Entwurf von Friedrichs Baumeister Knobelsdorff aus dem Jahr 1751. Dort ähnelt die Brunnenanlage einer großen Bühnenarchitektur, Neptun steht zentral in einer Nische, lässig an eine Muschel gelehnt.

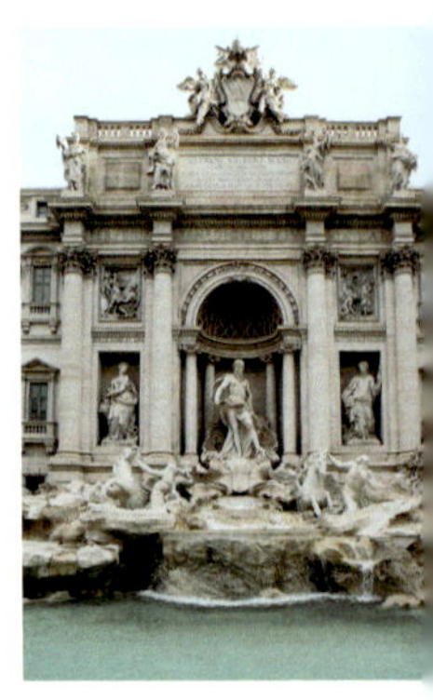

Fontana di Trevi, Rom

Die kleine Neptungrotte im Lustgarten von Sanssouci wirkt – mit ihren ausschwingenden Seitenflügeln und der hübschen Grotte – heiterer und leichter als die römische Version. Während der Bau des monumentalen Trevi-Brunnens sich über drei Jahrzehnte hinzog, war die Neptungrotte bereits nach sechs Jahren fertig. Sie ist das letzte Werk des Architekten Knobelsdorff, der im Jahr 1753 starb und die Fertigstellung nicht mehr erlebte.

Die Neptungrotte ist kein Einzelbauwerk, sondern Teil der inszenierten Gartenanlage im östlichen Lustgarten. Sie ist an italienischen Vorbildern orientiert, wie sie im 18. Jahrhundert in Deutschland in Mode kamen. Allerdings brachte hier erst der Bau einer Dampfmaschine im 19. Jahrhundert das Wasser zum Sprudeln. Vom Pumpenhaus im Stil einer Moschee an der Havel, das heute als Denkmal der frühen Industriekultur besichtigt werden kann, wurde das Havelwasser durch gusseiserne Rohre bis nach Sanssouci gepumpt. Friedrich selbst hatte den Brunnen wegen technischer Schwierigkeiten nie in Betrieb gesehen.

„Eine neue Torheit, wenn Du willst!", schrieb Friedrich der Große 1755 in einem Brief über seinen Plan, im Park von Sanssouci eine Bildergalerie zu errichten. Er wolle einen Ort schaffen, an dem er *„bei schlechtem Wetter schön spazieren"* und in Ruhe seine Bilder betrachten könne, fügte er ironisch hinzu. Doch ging es Friedrich vor allem darum, sich als Kunstkenner und fürstlicher Mäzen zu präsentieren.

Wie ein langer Riegel schmiegt sich das Galeriegebäude östlich unterhalb von Schloss Sanssouci an den Hang. In der Mitte wird es von einer Kuppel mit Laterne und einem Adler bekrönt. Marmorfiguren an der Gartenseite zeigen Allegorien der Künste und Wissenschaften. Sie weisen auf den Zweck des Gebäudes hin: ein Ort des Vergnügens und der Bildung. Als Schlusssteine über den Fenstern sieht man Portraits berühmter Maler wie Raffael und Michelangelo.

Der Innenraum der Bildergalerie ist der 1703 eröffneten Galleria Colonna in Rom nachempfunden, die ein Raumkunstwerk des römischen Barock ist. Die Säle dort sind mit kostbaren Marmorfußböden ausgestattet und mit vergoldeten Fresken reich verziert. Friedrichs Architekt Johann Gottfried Büring hat die Galleria vermutlich auf seiner Italienreise im Jahr 1748 besucht. Sie hatte schon als Vorbild für die Gemäldegalerie im Berliner Schloss gedient, an der sich Büring mit seinem Entwurf ebenfalls orientierte. 1755 begannen die Bauarbeiten in Potsdam.

Für die Ausstattung seiner Galerie nach dem berühmten römischen Vorbild war Friedrich nur das Beste gut genug: Die Decke ist mit vergoldeten Bronzen und Stuckaturen verziert, für den Mosaikfußboden wählte er italienischen Marmor in Weiß-, Gelb- und Brauntönen. Die Wände ließ er mit dem gelben *Giallo antico*, einem besonders seltenen Marmor der Antike, verkleiden. Ein Bodenmosaik

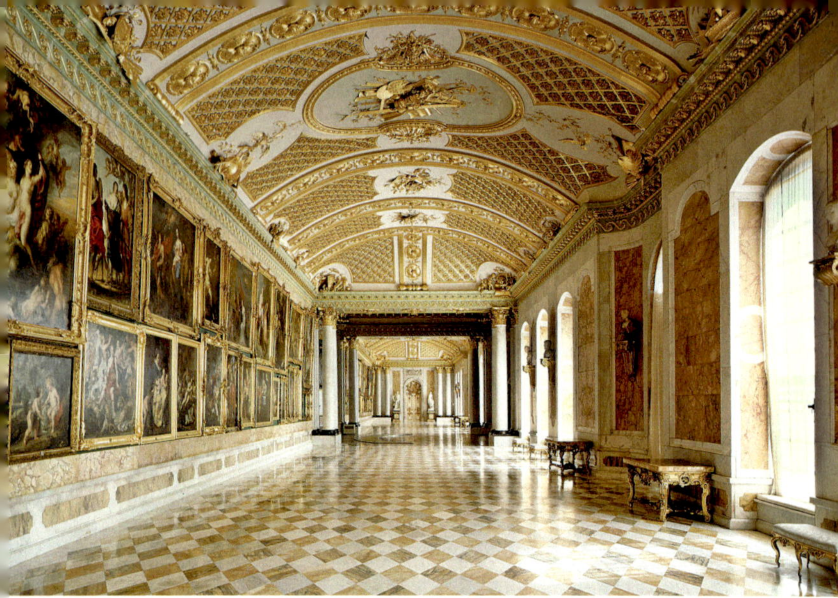

mit farbigen Steinintarsien schmückt die Rotunde in der Mitte.

Friedrich hatte für seine Bildergalerie in ganz Europa hochkarätige Gemälde ankaufen lassen. Er hängte sie – ganz wie in der römischen Galleria Colonna – dicht an dicht, streng symmetrisch und nach Schulen getrennt: Werke niederländischer Meister wie Rembrandt, Rubens und Van Dyck im Westflügel, im Ostflügel die Malerei des italienischen Barock mit Werken von Correggio, Guido Reni, Carlo Maratta und anderen berühmten italienischen Malern. Gegenüber, an der Fensterseite, reihen sich antike Büsten und Skulpturen.

Die Bildergalerie wurde noch vor ihrer Fertigstellung 1763 zum Besuchermagneten. Einer der Kunstberater Friedrichs, der Marquis d'Argens, berichtete dem König begeistert:

„Um die Galerie zu sehen, unternehmen hier alle Menschen von Geschmack und alle Kunstkenner die

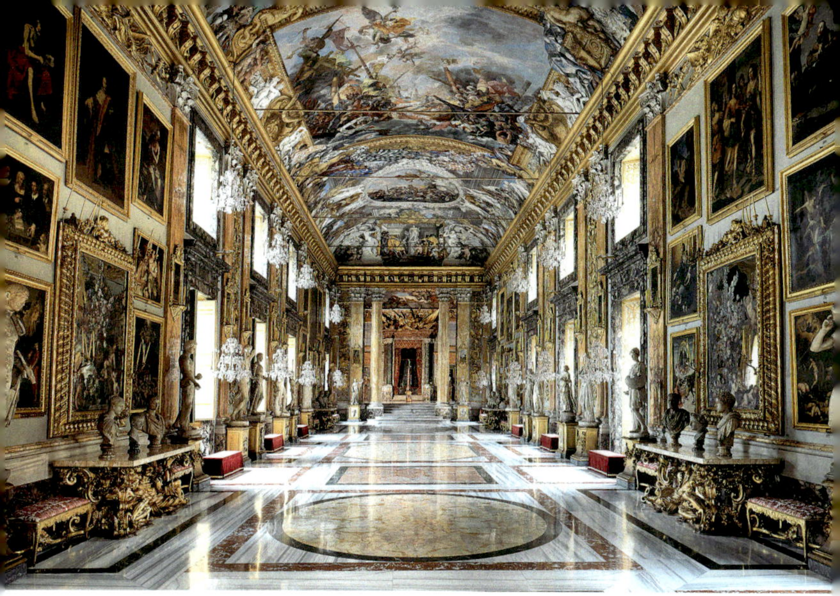

Reise von Berlin nach Potsdam. (...). Diejenigen, die Frankreich und Italien kennen, kommen ohne Widerspruch überein, dass es nach St. Peter in Rom kein so prächtiges und elegantes Gebäude gibt."

Die „Torheit", als die Friedrich seine Galerie bezeichnet hatte, gehört zu den schönsten Bildersälen nördlich der Alpen. Sie gilt als das früheste heute noch erhaltene Kunstmuseum in Europa und Vorbild für die Museen des 19. Jahrhunderts

Römische Götter am Großen Rondell und die Statue des Herzogs von Bracciano

Die hohe Säule aus rotem Porphyr, die mittig vor dem Großen Rondell steht, wirkt fast fremd neben den strahlend weißen Marmorskulpturen rund um das Becken der großen Fontäne unterhalb von Schloss Sanssouci. Der Kopf, den sie trägt, zeigt das Bildnis

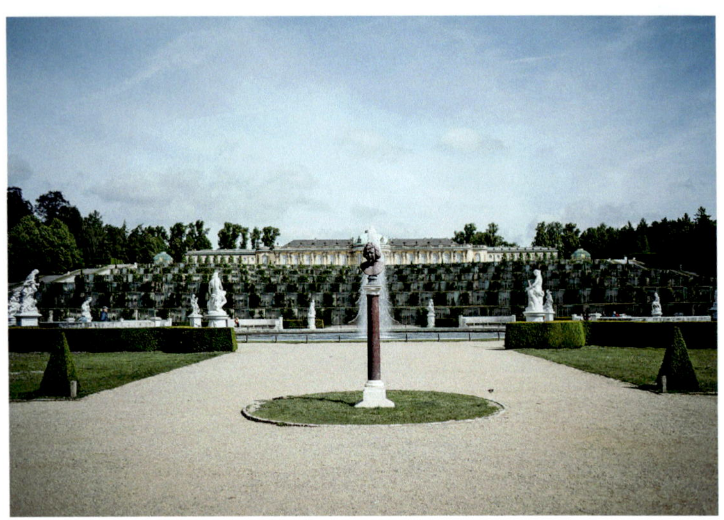

eines mittelalten, pausbackigen Mannes mit wallendem Haar und gezwirbeltem Schnauzbart.

Dargestellt ist Paolo Giordano II. Orsini, der Herzog von Bracciano, ein italienischer Mäzen der Künste und Wissenschaften des späten 16. Jahrhunderts. Friedrich II. bewunderte ihn als einen bedeutenden Kunstkenner. Der berühmte Bildhauer Gian Lorenzo Bernini, der auch Architekt des Palazzo Barberini in Rom war, schuf 1635 ein Marmorportrait des Adligen. Es befindet sich heute in Bracciano nordwestlich von Rom.

1742 hatte Friedrich eine Kopie dieser Arbeit erworben. Ganz bewusst platzierte er sie vor das Rondell in seinem Schlosspark Sanssouci. Ein Bekenntnis, ein Statement des Königs, erklärt Saskia Hüneke, Kustodin für Skulpturen bei der Schlösserstiftung: *„Der Herzog pflegte Verbindungen zu Galilei, zu Monteverdi, auch zu dem Bildhauer Bernini und besaß eine große Bibliothek. In diese Tradition wollte sich Friedrich stellen.“*

Großes Rondell, Sanssouci

In den Marmorskulpturen am Großen Rondell schlägt Friedrich die Themen seiner Lebensphilosophie an. Vier römische Götterpaare unterstreichen seinen Anspruch auf geistige wie militärische Souveränität. Die Aufstellung der Skulpturen hatte der König selbst verfügt. Der Kunsthistoriker Adrian von Buttlar interpretiert sie so:

„Wir haben im Rücken die elterlichen Götter Jupiter und Juno, die Friedrich nach dem furchtbaren Konflikt mit seinem Vater hinter sich lassen will. Wenn man den Weg in Richtung Schloss zu den Treppen weitergeht, sieht man Venus und Merkur, die Götter der Schönheit und Phantasie – das ist die Idee von Sanssouci, der Weg der Erkenntnis führt hier hinauf.“

Im Rondell, so von Buttlar, kreuzen sich diese *Achse der Erkenntnis*, die zum Schloss Sanssouci führt und die *Achse der Macht*, die zum Neuen Palais weist. Während also die Sommerresidenz des „Philosophen von Sanssouci", wie sich Friedrich selbst nannte, für den König der Ort der intellektuellen Auseinandersetzungen und Erkenntnisse ist, spiegelt das Neue Palais seine militärischen Ambitionen wieder. Denn errichtet hatte er es als Zeichen des Sieges nach dem Siebenjährigen Krieg.

In Apoll und Diana, dem römischen Götterpaar, am östlichen Ende der *Achse der Macht*, sieht sich Friedrich mit seiner geliebten Schwester Wilhelmine. Die Kriegsgötter Mars und Minerva im Westen, zum Neuen Palais hin, verweisen auf seine Kriege, mit denen er Preußen zu Macht und Größe führte.

Betender Knabe 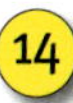

Auf der östlichen Terrasse von Schloss Sanssouci steht die Figur eines zarten Jünglings aus Bronze in der Mitte eines filigranen grünschimmernden Gartenpavillons. Der nackte jugendliche Körper ist makellos

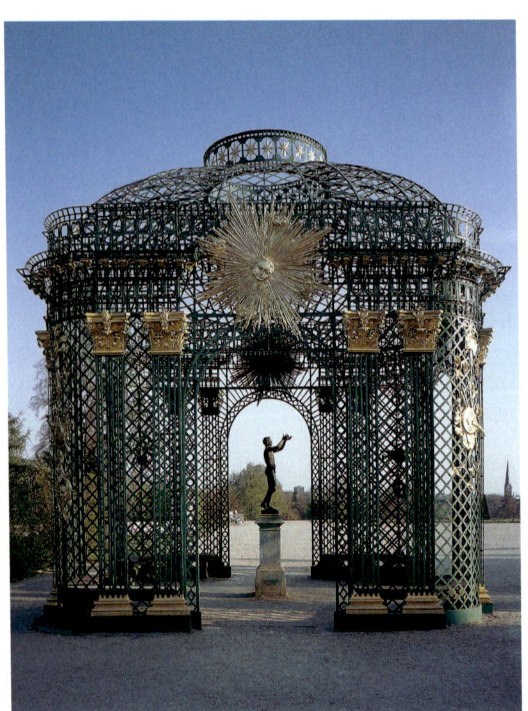

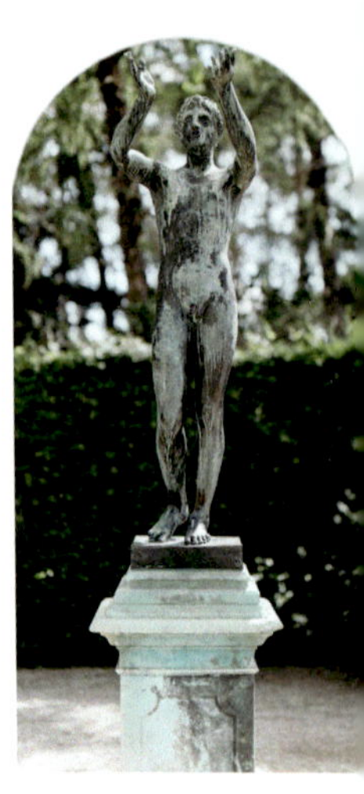

Betender Knabe,
Potsdam

geformt. Die dunkle Bronze glänzt wie erhitzte Haut im Sonnenlicht. 1747, gleich nach Fertigstellung von Schloss Sanssouci, ließ Friedrich der Große die Figur hier aufstellen, die er kurz zuvor aus dem Nachlass des Prinzen Eugen von Savoyen in Wien erworben hatte. Der Prinz hatte sie einst als Geschenk des Papstes Clemens XI. erhalten.

Der Betende Knabe gilt als eine der schönsten Bronzeskulpturen der römischen Antike. Sie zeigt vermutlich Antinous, den Geliebten des römischen Kaisers Hadrian, in einem tragischen Augenblick. Er ist im Begriff, sich in Befolgung eines zur Genesung des Kaisers geleisteten Gelübdes in den Nil zu stürzen.

Schon Friedrichs Inspektor der königlichen Bildergalerie, Matthias Oesterreich, vermerkte in seinem Skulpturen-Verzeichnis der Sammlung Seiner Majestät, des Königs von Preußen, 1775: *„Man kann sie zu den schönsten Antiken von Bronze-Arbeit, die nur zu finden sind, zählen; und für einen Kenner ist sie ein höchst schätzbares Stück. Römisches Werk vom ersten Range."*

Friedrich war stolz darauf, diese bedeutende Skulptur in seiner Sammlung zu haben und wählte für sie einen besonders prominenten Platz. Von seiner Bibliothek in Sanssouci aus, seinem bevorzugten Rückzugsort, hatte er sie immer im Blick.

Das Original aus dem 4. Jahrhundert befindet sich heute im Alten Museum in Berlin. In Sanssouci steht eine Kopie.

Schloss Sanssouci   15

SANS SOUCI – ohne Sorge. Der Name des Schlösschens über den Weinbergterrassen wirkt auf Besucher wie ein reizvolles Versprechen. Vom Rondell unten kann man das kleine flache Lustschloss nur erahnen, doch die Kuppel lockt nach oben. Beim Aufstieg fällt der Blick auf die weinberankten Spaliere und die Nischen links und rechts der Treppe, wo windgeschützt sonnenverwöhnte Früchte gedeihen.

Das anmutige Schloss kommt erst auf den letzten Stufen vollständig in den Blick. Friedrich wollte keinen Prunkbau auf einem Sockel, wie es ihm sein Architekt Georg Wenzeslaus von Knobelsdorff vorgeschlagen hatte. Friedrich wollte direkt aus seinen Räumen auf die Terrasse treten können. Sanssouci hat die Anmutung eines italienischen Landhauses – wie im Bilderbuch liegt die pavillonartige Sommerresidenz auf dem Hügel, eingebettet in die Landschaft und den früchtetragenden Garten.

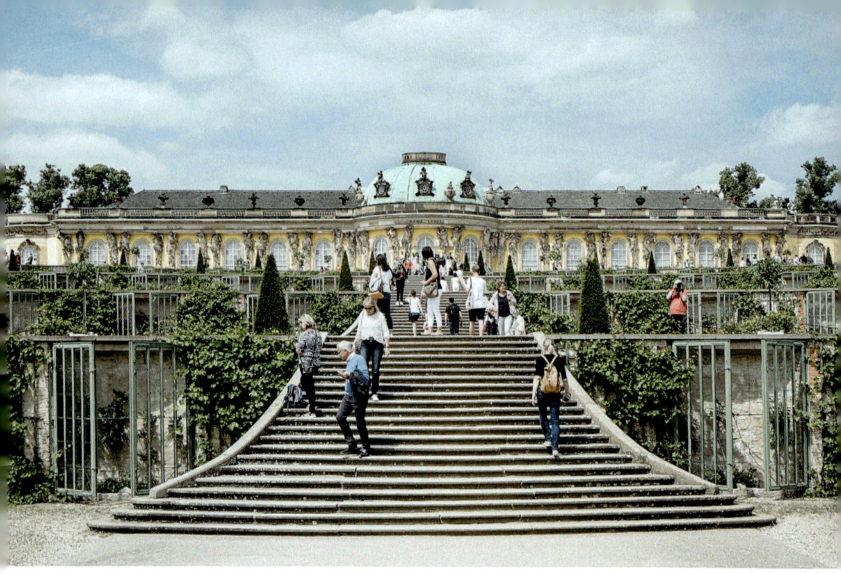

1745, wenige Jahre nach seinem Regierungsantritt, hatte der Preußenkönig den Bau seiner Sommerresidenz in Potsdam in Angriff genommen. Hier wollte er mit seinen Freunden zur Tafelrunde zusammentreffen und philosophieren, sich den Zwängen der Regentschaft entziehen.

Phantasievoll wirkt die Gartenseite mit ihren beschwingten Formen und ihrem Figurenschmuck: 36 weinselige Bacchanten, Gefährten des römischen Weingottes Bacchus, stützen umrankt von Trauben und Blumen rechts und links der bodentiefen Fenster mit ihren kraftvollen Körpern das Gebälk.

Der Marmorsaal im Inneren bildet den Höhepunkt zwischen den Raumfluchten der beiden Seitenflügel. Seine ovale Form folgt italienischen Vorbildern des 16. Jahrhunderts. Die Kuppel mit offener Lünette in der Mitte zitiert Sant' Andrea al Quirinale von Lorenzo Bernini, soll aber an das römische Pantheon erinnern, Friedrichs Lieblingsmotiv antiker Architektur.

▷ Bacchanten vor der Gartenfassade Sanssoucis

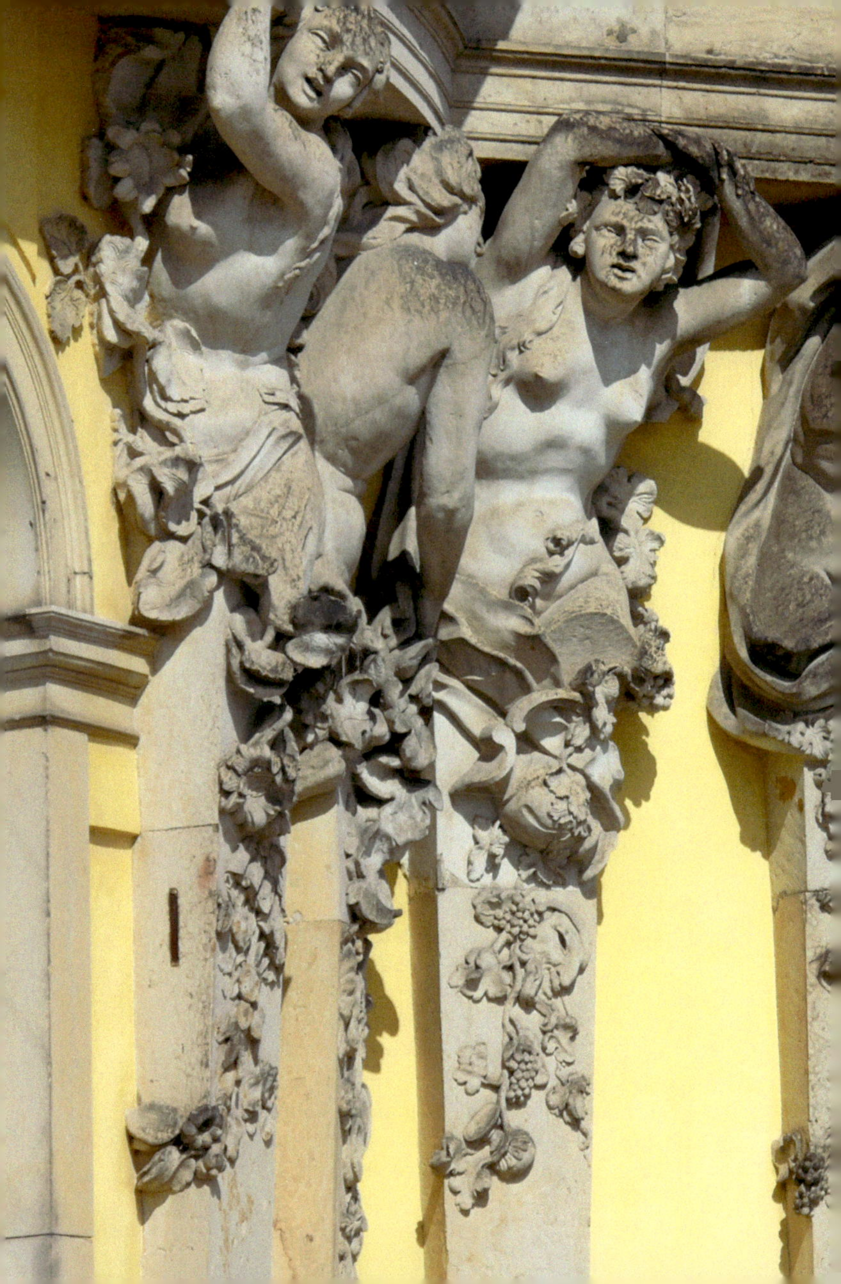

Auch in den übrigen Schlossräumen trifft der Besucher immer wieder auf römische Motive in Bildern und Skulpturen. Ein Teil stammt aus der von Friedrich 1742 erworbenen Antikensammlung des Kardinals Polignac. Damit legte er den Grundstein für eine herausragende Sammlung bedeutender antiker Skulpturen, die er in seinen Schlössern und Parkanlagen ausstellte.

Ehrenhof Schloss Sanssouci mit Blick auf den Ruinenberg

Feierlich, geradezu streng im Vergleich zu der berühmten Gartenansicht wirkt Schloss Sanssouci an der Eingangsseite oberhalb der Straße an der Historischen Mühle. Anstatt verspielter Figuren gliedern hier strenge, klassische Pilaster die Fassade, die malerische Kuppel ist von hier aus nicht zu sehen. Wo früher die Kutschen vorfuhren, stehen jetzt Touristen Schlange. Das Lieblingsschloss Friedrichs des Großen ist auch Lieblingsziel der Potsdam-Reisenden.

Faszinierend ist jedoch der Ehrenhof. Dieser weitet sich im Halbrund zu einer Terrasse. Der überdachte Säulengang, der das Halbrund umgibt, versetzt uns nach Rom, an den Petersplatz mit den doppelläufigen Kolonnaden von Gian Lorenzo Bernini (vgl. 24 Communs mit Kolonnaden). Diese entstanden, 100 Jahre vor Sanssouci, in der Mitte des 17. Jahrhunderts. Und so provoziert Friedrich hier in Potsdam für alle Ankommenden sichtbar den Vergleich Sanssoucis mit einem der schönsten Plätze Roms.

Und mehr noch: Von der Mitte der Kolonnade fällt der Blick auf einen bewaldeten Hang, eine grüne Schneise führt hinauf. An ihrem oberen Ende, ganz in der Ferne, erkennt man scheinbar antike Ruinen. Auch hier sucht Friedrich die Anklänge an die ewige Stadt. Die drei hohen Säulen könnten die Reste des

Dioskuren-Tempels am Forum Romanum sein. Die halbrunde Wand daneben deutet ein Amphitheater im Stil des Kolosseums an. Auch die Reste eines kleineren Rundtempels sind zu sehen. Das Bild erinnert an den Blick vom Kapitol auf das Forum Romanum. Im 18. Jahrhundert war jedem Besucher Sanssoucis klar, dass er von hier auf die Reste des antiken Roms schaut.

Bei der Gestaltung des Ruinenbergs von Sanssouci zählte nicht nur die hübsche Aussicht. Dem König ging es um eine sichtbare Botschaft: Hier in Sans-

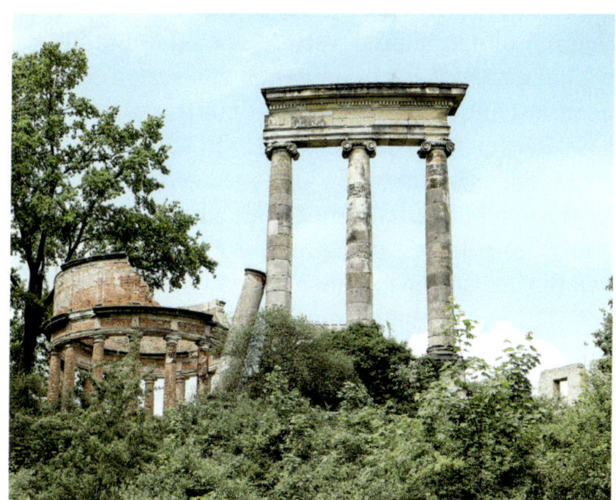

Ruinenberg, Potsdam

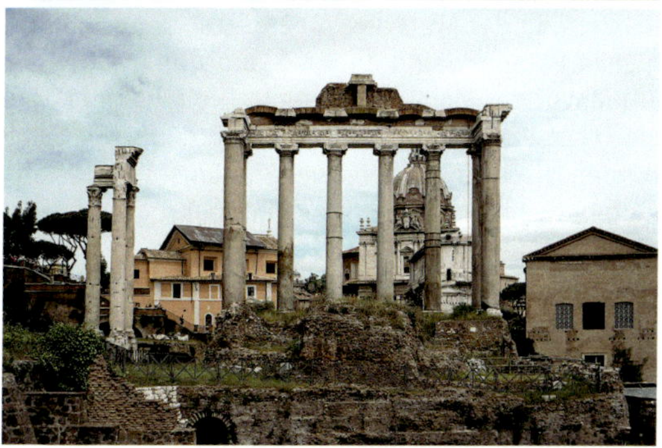

Forum Romanum, Rom

souci konnte und wollte er sich – ohne die Last der Königswürde – mit Freunden der Musik, der Philosophie und der Literatur widmen. Die Ruinen in der Ferne erinnern an die Vergänglichkeit von Ruhm und Macht – und sind eine Aufforderung, das Glück des Augenblicks zu genießen.

Nordischer und Sizilianischer Garten   17

Die Blumen duften verführerisch, das Auge erfreut sich an der Farbenpracht der Beete. Wie ein bunter Teppich bilden sie die Mitte des Rasenrondells im Sizilianischen Garten, umgeben von schattenspendenden Laubengängen. In kleeblattförmigen Vierpass-Becken links und rechts davon sprudeln kleine Fontänen, umstanden von großen Vasen, Palmen und tropischen Kübelpflanzen. Zur Maulbeerallee hin begrenzt eine Terrassenmauer aus hellem Sandstein den Garten, so wie in italienischen Villen eine Mauer den Garten vor unliebsamen Blicken schützt.

Die Terrassenwand mit ihrem Skulpturenschmuck erinnert an den Neptun-Brunnen im Giardino Barberini in Castel Gandolfo, der Sommerresidenz der Päpste außerhalb Roms. Dort stehen eindrucksvolle, lebensgroße antike Statuen in hohen bogenförmigen Nischen, in der Mitte der Meeresgott Neptun. Auch hier in Potsdam sind antike Skulpturen, heute als Kopie, vor der Mauer aufgestellt. Die Mitte markiert eine tempelartige Brunnenarchitektur. In einer halbrunden Nische zwischen zwei Säulen steht eine anmutige Nymphe und gießt aus ihrem Krug Wasser in das Becken.

Wer an heißen Sommertagen Schatten sucht, findet ihn wenige 100 Meter weiter oben am Hang, jenseits der Maulbeerallee: Das Gegenstück zum Sizilianischen Garten ist der Nordische Garten mit immergrünen Nadelhölzern und einer Felsengrotte.

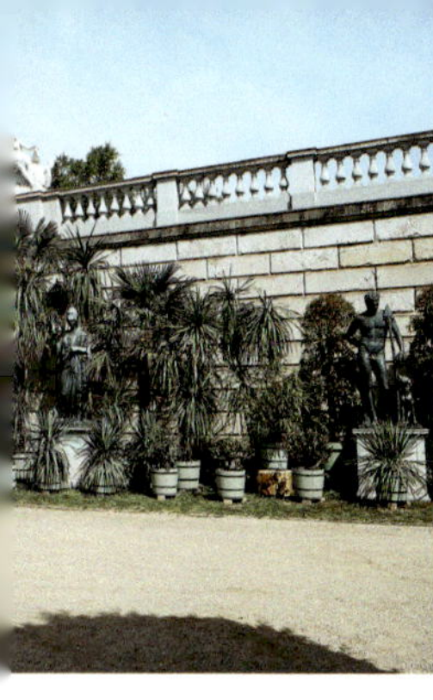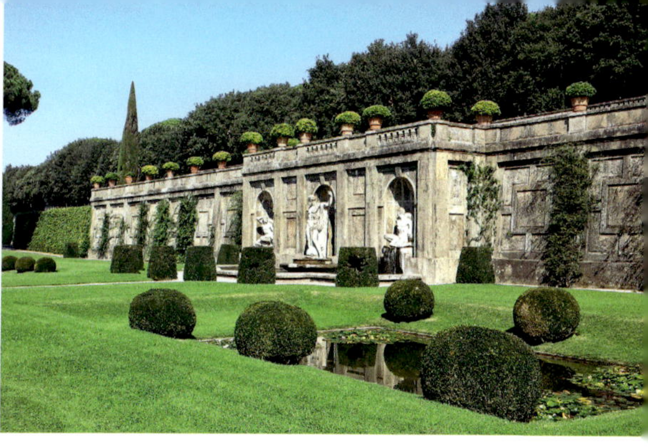

1856 hatte der preußische Gartendirektor Peter Joseph Lenné begonnen, die beiden Gärten anzulegen. König Friedrich Wilhelm IV. wünschte sich diesen Nord-Süd-Kontrast als Teil seines Programms für seine Triumphstraße nach römischem Vorbild, die *Via Triumphalis*. Sie sollte auf einem Höhenzug verlaufen, vom Winzerberg im Osten über Schloss Sanssouci bis zum Belvedere Friedrichs des Großen auf dem Klausberg. Es war das Lieblingsprojekt des „Romantikers" auf dem Thron. Dieses blieb jedoch Fragment – bis auf das Orangerieschloss als architektonischer Höhepunkt und die beiden Gärten.

Orangerieschloss 

Die Orangerie in Sanssouci ist mehr als nur das Winterquartier für empfindliche Pflanzen. Während in großen Kübeln Lorbeer- und Zitronenbäumchen, Palmen und andere frostempfindliche Pflanzen hier überwintern, erhebt sich in der Mitte zwischen den beiden Pflanzenhallen ein prunkvoller Palast aus gelbem Backstein mit hohen Arkaden. Zwei offene Türme, verbunden durch einem eleganten Säulengang, überragen das Dach. In dieser Architektur spiegelt sich unverkennbar die Villa Medici aus dem späten

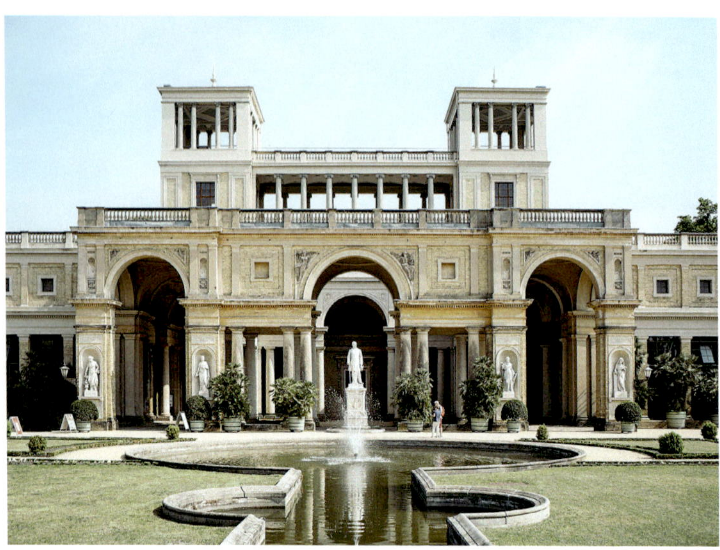

16. Jahrhundert in Rom. Hier befinden wir uns jedoch im Rom des Nordens.

Friedrich Wilhelm IV. war von einer ähnlichen Italiensehnsucht besessen wie der Erfinder von Sanssouci, Friedrich II., 100 Jahre zuvor. Anders als sein Vorgänger studierte Friedrich Wilhelm die italienische Kunst und Architektur im Original. Bereits als Kronprinz reiste er im Jahr 1828 nach Italien und ließ sich dort für seine architektonischen Entwürfe inspirieren. In einem Brief an die Daheimgebliebenen schwärmte er:

„Das ist doch am Ende doch immer irgendetwas Unaussprechliches, das ewige Rom, mir ist als sei ich zu Haus. Es übertrifft alle meine Erwartungen."

Das Orangerieschloss sollte nicht nur Pflanzen, sondern auch fürstliche Gäste beherbergen. Seine architektonischen Ideen dafür, zu denen ihn die Italienreise angeregt hatte, brachte der künstlerisch begabte König in zahlreichen Skizzen zu Papier. Sie

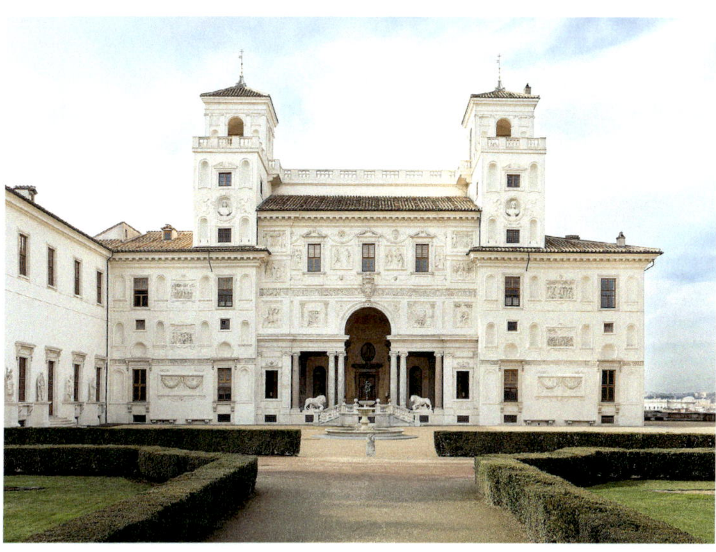

Villa Medici, Rom

bildeten die Grundlage für die Entwürfe der Architekten Friedrich August Stüler und Ludwig Ferdinand Hesse.

Die Neue Orangerie sollte der Höhepunkt seines Triumphstraßen-Projekts sein. Wenn der prächtige ockergelbe Bau in der Sonne leuchtet, wähnt man sich hier oben tatsächlich in dem Land, wo die Zitronen blühen.

Im schlossartigen Mittelbau huldigt der Raffaelsaal dem berühmtesten Maler der italienischen Renaissance. Auf leuchtend roten Wänden ließ der König hier 50 Kopien nach Raffaels Originalgemälden aufhängen.

Das Oberlicht taucht den sonst fensterlosen Raum in gleichmäßiges, indirektes Licht. Ideale Bedingungen für die Betrachtung der Kunst. Die Sala Regia in den Vatikanischen Museen in Rom war das große Vorbild für den König, und er nahm höchstpersönlich Einfluss auf die Gestaltung.

Paradiesgarten

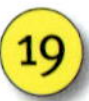

Der Paradiesgarten ist ein Kleinod in der Perlenkette unterschiedlicher Gärten im Park von Sanssouci und er ist nicht leicht zu finden: Er liegt – wie es sich für ein Paradies gehört – hinter Mauern versteckt. Lärm von der Straße soll den Frieden hier nicht stören. Der schönste Blick auf dieses gärtnerische Idyll bietet sich dem Besucher, wenn er von der Orangerie kommt und über die Prinzenbrücke hinunterläuft. Durch eine kleine Pforte an der Maulbeerallee gelangt man hinein ins Paradies und staunt über die Fülle der un-

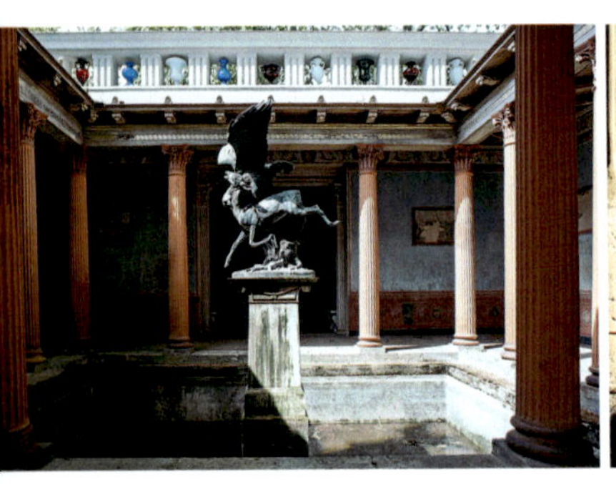

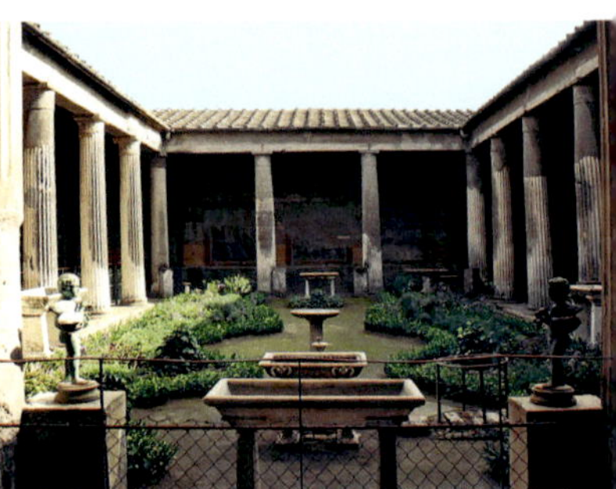

terschiedlichen Pflanzen: Schilfgewächse umgeben einen künstlichen Teich in der Ebene, exotische und einheimische Gewächse ziehen sich teppichartig den Hang hinauf. Der Paradiesgarten gehört heute zum Botanischen Garten der Universität Potsdam.

Ein „Paradeisgärtl" stellte sich König Friedrich Wilhelm IV. an dieser Stelle vor, einen Rückzugsort für sich und Elisabeth, seine bayerische Gemahlin. 1842 entwarf sein Hofgärtner Ludwig Heinrich Sello dieses Idyll als *Vigna*, als einen Fruchtgarten nach norditalienischem Vorbild.

Weiter hinten im Garten kommt ein quadratischer Pavillon in den Blick, umgeben von Rankgittern. Parkbänke um ein langgestrecktes Wasserbassin bieten

Paradiesgarten (links), Potsdam

Haus der Vettier, Pompeij

Gelegenheit, vom Spaziergang auszuruhen. Der 1848 von Ludwig Persius entworfene Pavillon bietet Schutz vor neugierigen Blicken, die großen bunten Glasvasen im Fries des Dachgebälks funkeln im Sonnenlicht.

Das sogenannte *Stibadium*, eine halbrunde römische Sitzbank, schmiegt sich in eine Nische. Terrakottasäulen in pompejanischem Rot umgeben einen nach oben offenen Innenhof mit Bassin, wie das Atrium einer pompejanischen Villa. Die Bronzeskulptur in der Mitte des Bassins zeigt einen Adler im Kampf mit einem Hirschkalb, Symbol für die Kräfte der Natur. Die Malerei an den Wänden ist inzwischen verblasst, doch man erahnt noch die Darstellungen italienischer Landschaften mit Pinienhainen und Hügellandschaften unter südlichem Himmel.

Die Ausgrabungen der römischen Städte Pompeji und Herculaneum bei Neapel, die Friedrich Wilhelm IV. auf seiner Italienreise gesehen hatte, lieferten die Anregung für dieses Gebäude. Die königlichen Besucher konnten sich hier Italien ganz nah fühlen.

Belvedere auf dem Klausberg (20)

Ein Ausflug auf den Klausberg lohnt schon wegen der Aussicht: Der ganze Park liegt einem zu Füßen. In der einen Richtung sieht man die Kuppel des Neuen Palais über die Baumwipfel ragen, in der anderen erhebt sich das Orangerieschloss aus dem Grün. Hellgelb leuchtend, als Solitär zwischen dunklen Kiefern, kommt das Belvedere beim Anstieg in den Blick: ein zweigeschossiger Rundtempel mit Kuppel, von offenen Säulengängen umgeben und mit einer figurengeschmückten Balustrade als Abschluss.

Von den offenen Vorbauten an der West- und der Ostseite kann man den Blick in die Landschaft ge-

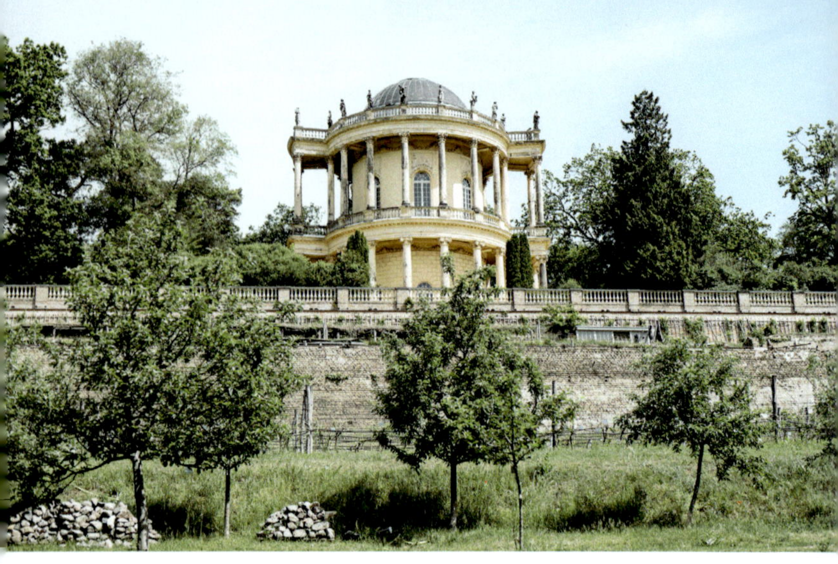

nießen – ganz so, wie es der italienische Name verspricht: Belvedere: *Schöne Aussicht*! Aus Italien kommt auch das Vorbild für die Architektur: das Macellum Magnum von Kaiser Nero in Rom. Friedrich der Große hatte ein Bild davon in einem Band mit Kupferstichen von 1738 entdeckt. Der Archäologe Francesco Bianchini (1662–1729) hatte versucht, die unter Nero erbaute große Markthalle nach dem Abbild auf einer alten Münze zu rekonstruieren. Die Architektur fand Friedrich passend für das erste Aussichtsbauwerk, das er in Potsdam zwischen 1770 und 1772 errichten ließ.

Doch eigensinnig wie Friedrich war, sollte es ein Macellum Magnum nach *seinem* Geschmack werden. Und so kritzelte er dem Architekten Georg Friedrich Unger eine zweiläufige Freitreppe in die Entwürfe. Sie schwingt sich an der Seite hinauf zum Obergeschoss.

Unger musste sich nach den Wünschen des Königs richten und die Freitreppe anfügen, die so gar nicht dem antiken Vorbild entsprach. Doch die zweiläufi-

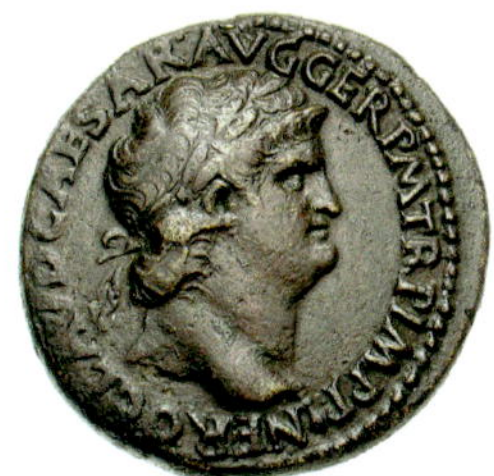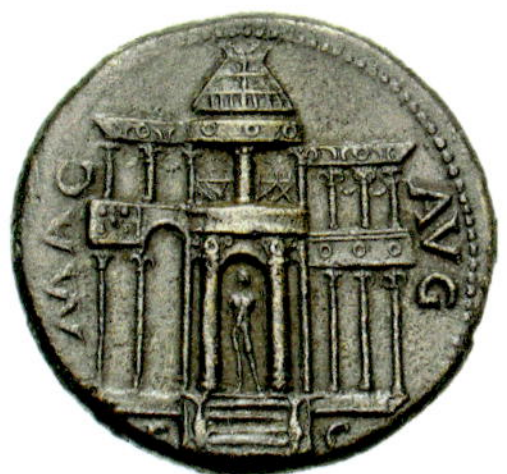

Münze Römische Kaiserzeit. Nero, 54–58 n. Chr.

ge Treppe war gerade en vogue. Und auch sonst ließ Friedrich den Tempel mit allerlei barocken Zutaten versehen.

Innen befindet sich in jeder Etage nur ein einziger runder Saal. Wenn man vom Umgang durch die Fenster des unteren Saals blickt, sieht man heute allerdings nur rohes Mauerwerk. 1945, am Ende des Krieges, war das Bauwerk ausgebrannt und blieb lange Ruine. Nur der obere Saal wurde mit kostbarem Eichenparkett, Stuckmarmor und einer prachtvoll ausgemalten Kuppel wiederhergestellt.

Antikentempel

Wenige Schritte vom Neuen Palais entfernt, im Rehgarten von Park Sanssouci, kommt hinter Bäumen und Sträuchern ein kleiner geschlossener Rundtempel in den Blick. Zwischen hellen toskanischen Säulen leuchten seine verputzten Wände in pompejanischem Rot. 1768 wurde der Rundbau durch Carl von Gontard errichtet.

Wie so oft hatte Friedrich der Große mit eigenen Zeichnungen die Idee vorgegeben. Der König wünschte den Tempel als Aufstellungsort für die bedeutende Sammlung antiker Kunst des französischen Kardinals Melchior Polignac, die er kurz nach seinem Regierungsantritt 1742 in Paris erworben hatte. Au-

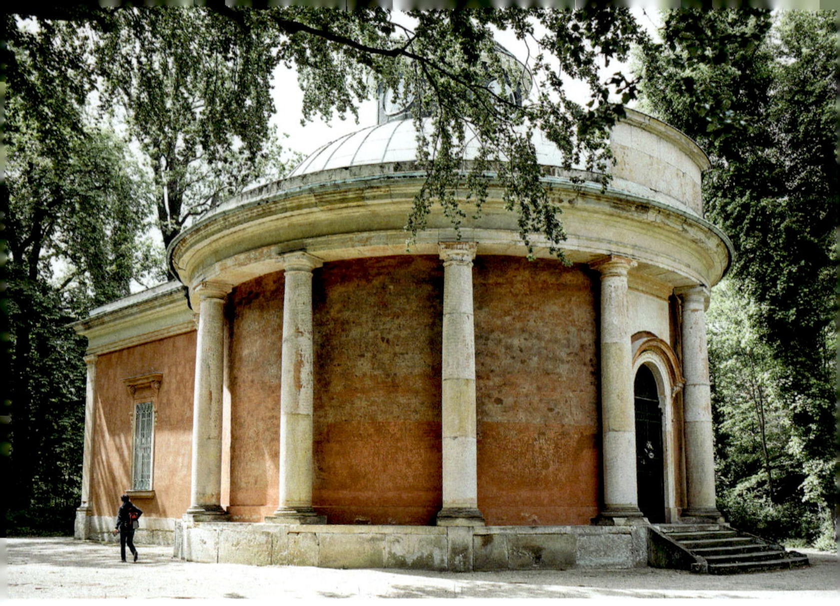

ßerdem brauchte er Platz für die antiken Büsten und Skulpturen aus dem Nachlass seiner früh verstorbenen Schwester Wilhelmine. Ein Seitenkabinett sollte Münzen und Gemmen aus einer weiteren Sammlung aufnehmen.

Mit dem Bau des Antikentempels griff Friedrich erneut auf das von ihm so geliebte Pantheon-Motiv aus Rom zurück, welches sich in Potsdam häufiger findet. Hier erscheint es abermals wie eine Miniatur des mächtigen Vorbilds.

Der Bildergalerie entsprechend war auch der Antikentempel von Anfang an als Museum gedacht. Wie so oft verband Friedrich damit eine politische Botschaft: Er stellte sich als Herrscher in die Tradition des Römischen Reichs. Dazu diente vor allem die Präsentation der Kunst im Innenraum. Im Mittelpunkt stand die Inszenierung von zehn lebensgroßen Marmorstatuen, der sogenannten Lykomedes-Gruppe. Sie illustriert die Legende, dass sich Achill, der

Sagenheld aus der griechischen Mythologie, einst in Frauenkleidern in der Schar der Töchter des Lykomedes versteckte. Er wurde am Ende von Odysseus entdeckt, denn er verriet sich durch sein männliches Auftreten. Friedrich identifizierte sich mit Achill, dem großen Helden des Trojanischen Kriegs, um seine eigene Rolle als Kriegsheld zu unterstreichen.

Die Antikensammlung Friedrichs befindet sich seit 1828 im Alten Museum in Berlin. Der Antikentempel wurde 1921 zum Mausoleum für Mitglieder des Hauses Hohenzollern und ist für die Öffentlichkeit nicht zugänglich.

Freundschaftstempel 

Südlich der großen Hauptachse des Parks, auf gleicher Höhe wie der nördlich davon gelegene Antikentempel, erreicht man einen anmutigen offenen Tempelbau. Der Freundschaftstempel bildet das Gegenstück zum Antikentempel. Beide wirken auf ganz unterschiedliche Weise wie ein persönliches Bekenntnis Friedrichs des Großen.

In ihrer Form erinnern sie an römische Rundbauten wie den Hercules-Tempel am römischen Forum Boarium oder den Sibyllen-Tempel in Tivoli bei Rom. Ganz sicher orientierte sich der König aber an dem kleinen runden Apollo-Tempel, den Knobelsdorff für ihn noch als Kronprinz 1735 im Amalthea-Garten in Neuruppin errichet hatte.

Für den zierlichen Freundschaftstempel hier zeichnete Friedrich selbst den Entwurf: Ein offener Monopteros mit flacher Kuppel, die von korinthischen Säulenpaaren getragen wird. Das Äußere des Tempels schmücken Medaillons mit Portraits berühmter Freundespaare der Antike. Über ein paar Stufen ge-

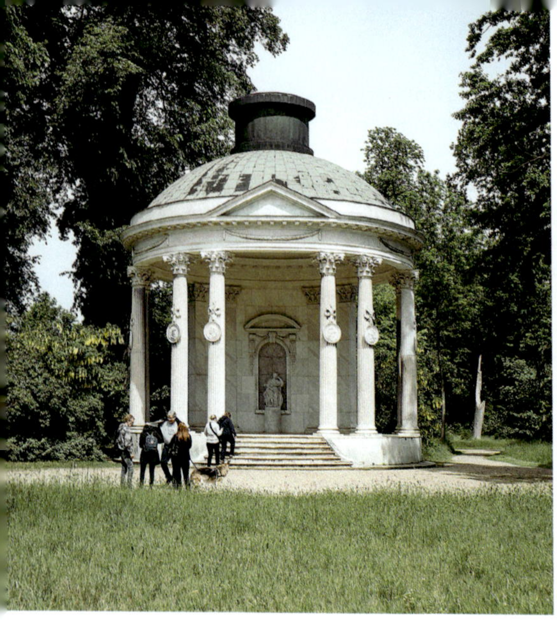

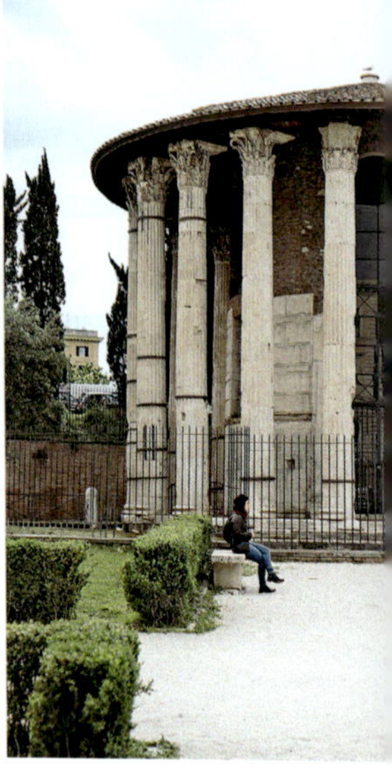

langt man in das Innere. Hier wird klar, warum der Freundschaftstempel für Friedrich so wichtig war. Wie auf einer Bühne steht in einer Nische an der Rückwand das Marmorbildnis von Friedrichs älterer Schwester Wilhelmine. Schon in der Kindheit waren die Geschwister eng verbunden. Wilhelmine hatte den jüngeren Bruder häufig vor den Strafen des unnachgiebigen Vaters geschützt. Später teilten sie die Begeisterung für Literatur, Musik und die Philosophie der Aufklärung. Und ganz besonders verband die königlichen Geschwister die Sehnsucht nach Italien und die Leidenschaft für die Antike.

Anders als Friedrich konnte sich Wilhelmine als Markgräfin von Bayreuth im Jahr 1755 den Traum einer Italienreise erfüllen. Unterwegs erwarb sie zahlreiche antike Kunstwerke für ihre Sammlung, die sie ihrem Bruder vermachte. Ihr Tod wenige Jahre später erschütterte Friedrich zutiefst. 1768–1770 ließ er den Freundschaftstempel durch Carl von Gontard zur

Erinnerung an Wilhelmine errichten und mit der lebensgroßen Skulptur der sitzenden Markgräfin ausschmücken. An Voltaire schrieb der König 1773 „*Mag es Schwachheit oder übertriebene Verehrung sein, ich habe dieser Schwester ausgeführt, was Cicero für seine (früh verstorbene Tochter) Tullia erdachte. Ich habe ihr einen Tempel der Freundschaft errichtet.*"

Neues Palais (23)

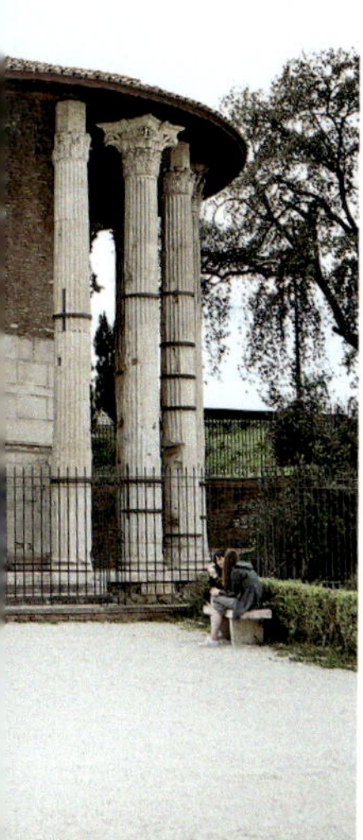

Dieses imposante Schloss ist auf Fernsicht komponiert, schon am Großen Rondell in Sanssouci kommt es in den Blick. Prunkvoll, monumental und von einschüchternden Dimensionen: 230 Meter lang, mit einer 55 Meter hohen Kuppel, die auf Wirkung ausgelegt ist. Drei Grazien oben auf der Laterne – diese waren schon in der Kunst der italienischen Renaissance ein beliebtes Thema – halten die Preußenkrone: Ein Wahnsinnsprojekt. Es entstand als fürstliches Gästeschloss zwischen 1763 und 1767 nach dem Siebenjährigen Krieg. Friedrich hatte diesen Krieg wider Erwarten gegen die drei europäischen Großmächte Russland, Österreich und Frankreich gewonnen. Mit diesem Bau wollte er Preußens neue Rolle in Europa unterstreichen. *Fanfaronnade*, Prahlerei, nannte er sein Schloss, ganz ohne Ironie.

Abweichend vom bisher gepflegten Stil des Friderizianischen Rokokos wünschte sich Friedrich jetzt einen Bau im Stil des Palladianismus.

Die Fassade zeigt korinthische Sandstein-Pilaster und Fensterachsen in strengem Wechsel. Die rote Ziegelstruktur dazwischen ist allerdings nur aufgemalt. Die Skulpturen, darunter auch Krieger in römischen Rüstungen, können die Strenge dieser Architektur nur wenig auflockern. An der Terrassenseite liegt hinter bodentiefen Fenstern der berühmte Grottensaal. Geheimnisvoll glitzern hier kostbare Edelsteine und

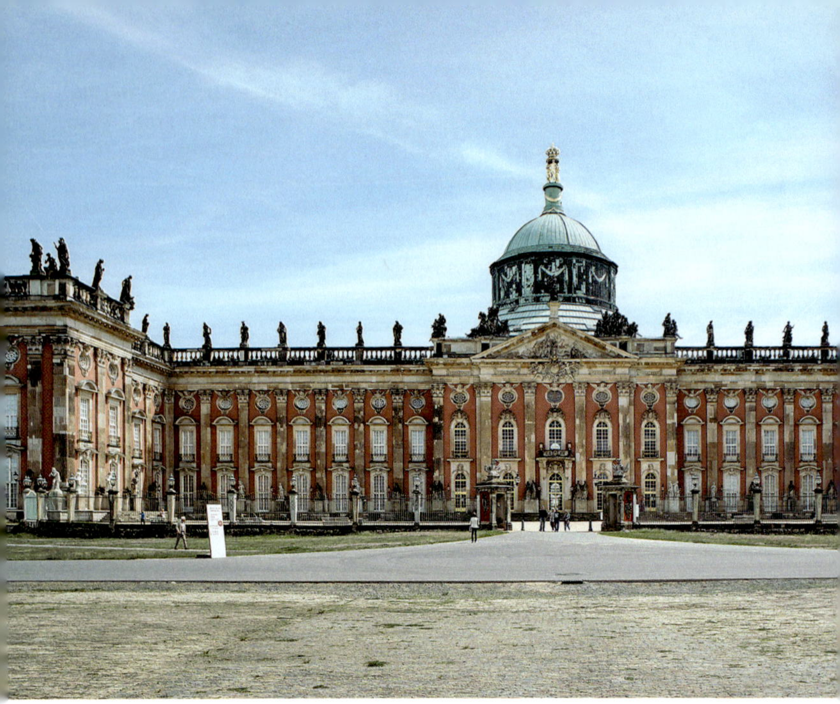

Muscheln aus aller Welt. Darüber befindet sich der
beindruckende Marmorsaal, ausgestattet mit schlesi-
schem Marmor und Sandstein aus Sachsen. Die Ma-
terialien ließ Friedrich überwiegend aus den gerade
eroberten Gebieten heranschaffen.

Das riesige Deckengemälde im Marmorsaal schil-
dert eine Erzählung aus den Metamorphosen des
Ovid: die Aufnahme Ganymeds in den Olymp. Dem
Mythos nach wurde der schöne Hirtenknabe von den
Göttern als Mundschenk ausgewählt. Dass Friedrich
sich damit natürlich selbst in den Olymp erhob, war
für den Betrachter der Zeit unmissverständlich. Die
Metamorphosen des römischen Schriftstellers Ovid
gehörten zu den Lieblingsgeschichten Friedrichs
und sie sind im Ausstattungsprogramm aller seiner
Schlösser zu finden.

54

Das Vorzimmer der Gästewohnung im Erdgeschoss ist als Gemäldekabinett mit Werken italienischer Malerei des 16. bis 18. Jahrhunderts eingerichtet. In der oberen Galerie sind in die Wanddekoration Gemälde bedeutender italienischer Meister des 17. Jahrhunderts eingefügt.

Communs mit Kolonnaden (24)

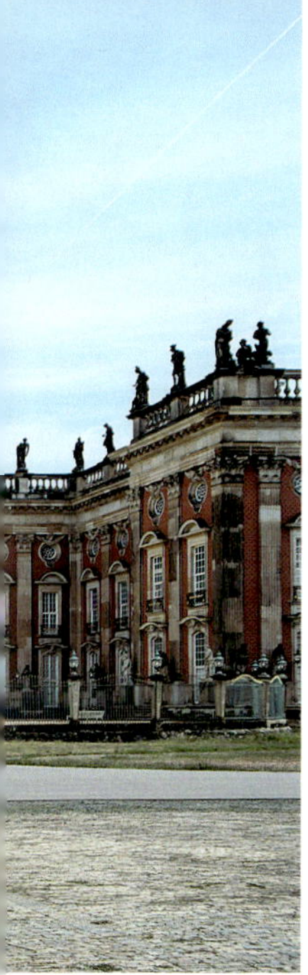

Eine Architektur, wie sie kaum beeindruckender sein könnte: zwei symmetrisch angeordnete palastartige Pavillonbauten mit einem Kuppelaufsatz und Säulen vor den Eingängen, zu denen schwungvolle Freitreppen emporführen. Verbunden sind sie durch eine halbrunde Kolonnade mit einem 24 Meter hohen Triumphtor in der Mitte.

Hier fühlt man sich sofort an Rom erinnert, an den Petersplatz mit seinen Kolonnaden, das Meisterwerk des Architekten Gian Lorenzo Bernini. Dort rahmen sie den Platz vor dem Petersdom, dem Zentrum der Katholischen Kirche.

Und hier in Potsdam? Kaum zu glauben, doch die prächtigen Pavillons gegenüber vom Neuen Palais sind nichts weiter als Wirtschaftsgebäude, Communs genannt: Hier wohnten die Bediensteten und arbeitete die Hofverwaltung. Und man stelle sich vor: im Erdgeschoss des linken Communs befand sich die Schlossküche. Das Essen, das in kleinen Wägelchen über den Hof und später durch einen unterirdischen Tunnel ins Schloss gebracht wurde, war auf dem Weg dorthin sicher wieder kalt geworden.

Die Communs mit den Kolonnaden am westlichen Ende von Park Sanssouci wirken wie Bühnenbilder. Sie verstärken den Eindruck, dass Friedrich Potsdam zu einem Rom des Nordens machen wollte. Der Architekt, der die Anlage 1766 errichtete, war Carl von Gontard.

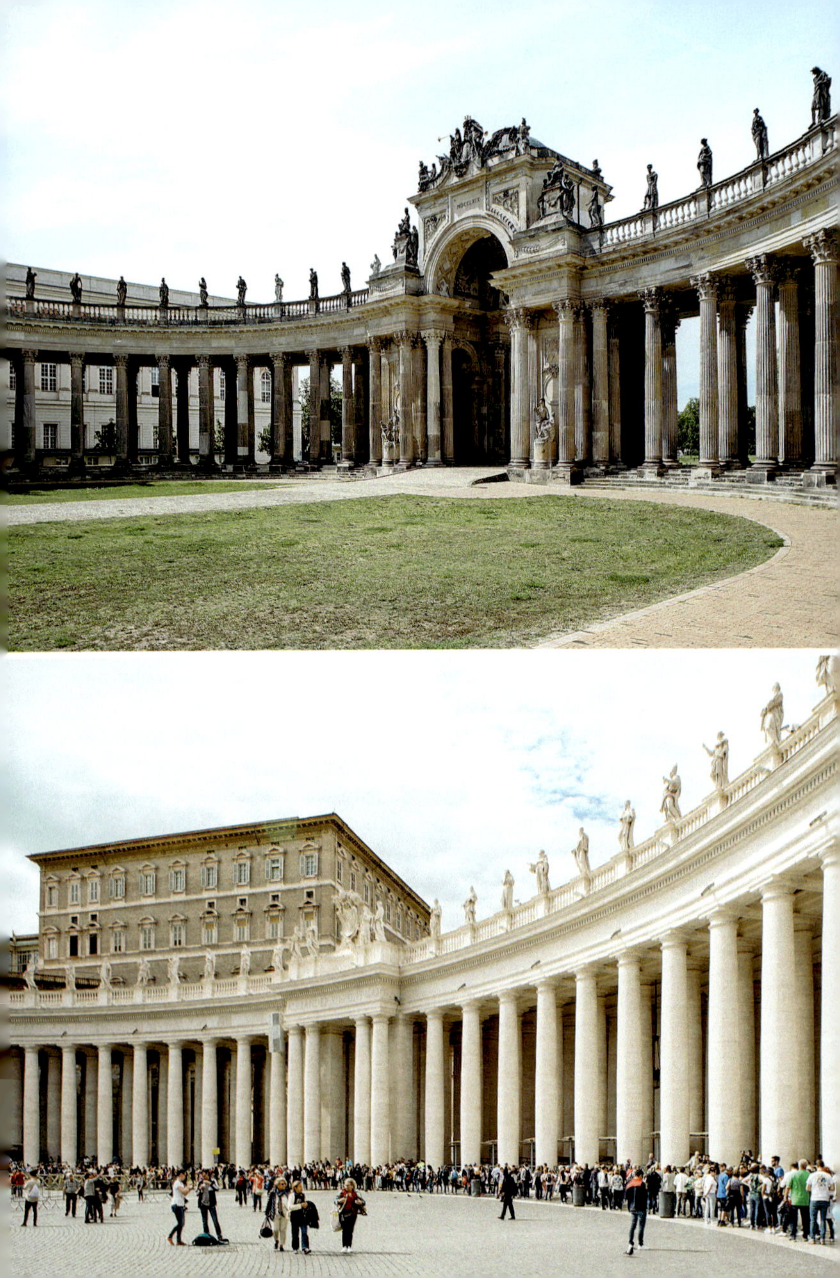

Die Göttinnen Fama und Fortuna leuchten weithin als goldene Gestalten von den beiden Kuppeln. Sie sind die Ruhmeskünderinnen Friedrichs, ganz im Zeichen der Cäsaren der römischen Antike, die Friedrich als Maßstab seiner eigenen Größe dienten.

Charlottenhof

In hellem Weiß, harmonisch eingebettet in das Grün der Umgebung, steht Schloss Charlottenhof am südwestlichen Rand des Parks als Traum einer italienischen Villa. Die einzelnen Bauteile wirken so wohlproportioniert und harmonisch zusammengestellt, als habe sich der Architekt Karl Friedrich Schinkel aus einem Baukasten römisch-italienischer Landhäuser bedient. Dabei war es sein Auftrag, ein ehemals barockes Landhaus zu einem Wohnhaus umzubauen.

Jede der vier Seiten des rechteckigen Schlossbaus erscheint anders: Streng, fast abweisend wirkt der Eingang an der Lindenallee im Westen mit dem klassizistischen Dreiecksgiebel über dem Portal. Anmutig schiebt sich an der nördlichen Schmalseite zum Park hin ein Halbrund aus dem Baukörper, wie die Apsis einer Kirche.

An der östlichen Längsseite, zur erhöhten Terrasse hin, prägt ein tempelartiger Vorbau mit Dreiecksgiebel und Säulenhalle die Ansicht. Eine langgestreckte Pergola schließt sich daran an. Wie eine durchlässige Mauer begrenzt sie die Terrasse nach Süden und findet ihren Abschluss in einer Rundbank am gegenüberliegenden Ende.

Die Anlage erinnert an die Terrasse der prächtigen Villa Albani in Rom. Im Schloss Charlottenhof ist nur alles viel kleiner und feiner. In dem halbrunden Wasserbassin vor der Terrasse steht eine hohe Säule mit der Büste der Hausherrin, Elisabeth von Bayern,

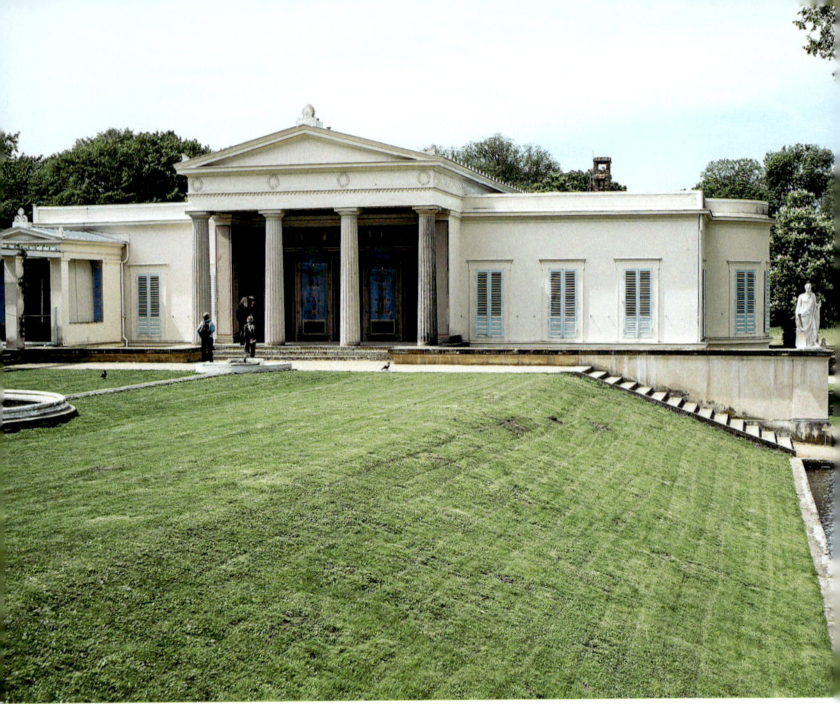

Gemahlin Friedrich Wilhelms IV. Sie blickt zum Neuen Palais hinüber.

König Friedrich Wilhelm III. hatte das Gelände 1825 erworben und schenkte es dem Kronprinzen Friedrich Wilhelm zu Weihnachten. Nach einer früheren Besitzerin hieß das Gut Charlottenhof. Der künstlerisch begabte und italienverliebte Kronprinz beriet sich sofort mit seinem Lieblingsarchitekten Karl Friedrich Schinkel. Gemeinsam begannen sie Pläne für den Umbau zu schmieden und das Haus in ein Schlösschen im klassizistischen Stil zu verwandeln. Auch die Innenausstattung entwarf der Baumeister weitgehend selbst. Diese nimmt in ihrem klassischen Design der Antike die äußere Architektur wieder auf.

Für den Kronprinzen war Charlottenhof sein *Siam*, so nannte er seinen Traum von einem exotischen

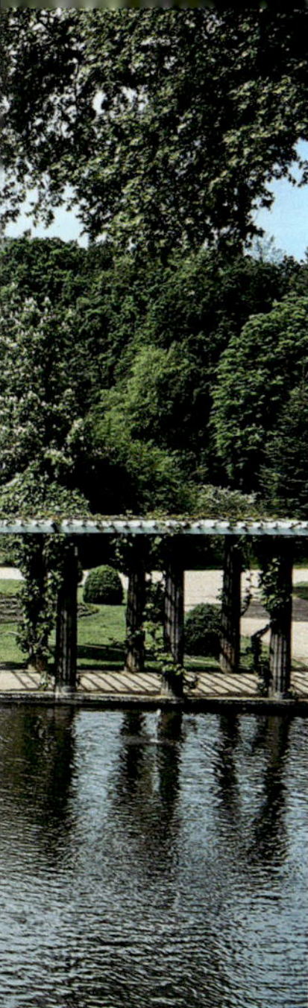

„Land der Freien". Mit Charlottenhof schuf sich der Kronprinz den ersten Baustein seines preußischen Arkadiens.

Römische Bäder

Die Römischen Bäder in Sichtweite von Schloss Charlottenhof tragen ihr Vorbild gleich im Namen: Sie vermitteln die Illusion einer römischen Villa mit antiken Thermen. Die Gruppe aus mehreren Gebäuden, unterschiedlich groß und verbunden durch weinberankte Pergolen und Laubengänge, grenzt an einen Teich, in dem sie sich malerisch spiegelt. Noch als Kronprinz hatte Friedrich Wilhelm IV. zahlreiche Entwürfe für die Architektur dieses Bades gezeichnet. Zwischen 1829 und 1840 ließ er die Römischen Bäder von Karl Friedrich Schinkel und Ludwig Persius erbauen.

Es entstand eine höchst eigenwillige Komposition verschiedener architektonischer Motive. Das Gärtnerhaus mit der Wohnung des Hofgärtners als italienisches Landhaus mit dem benachbarten kleineren Gehilfenhaus. Der offene Pavillon mit seinen leuchtendblauen Wänden, in dem Friedrich Wilhelm IV. seinen Tee zu trinken pflegte, als römisches Tempelchen mit Pfeilerportikus.

Über eine offene Arkadenhalle gelangt man zum eigentlichen Römischen Bad. Dieses ist jedoch nur eine Imitation, denn mit antiken Thermen hat es nur den Namen gemein: *„Hier hat es nie einen Wasseranschluss gegeben ... "*, erzählt der Bauhistoriker Andreas Kitschke schmunzelnd: *„... gebadet haben hier höchstens Filmdiven der Ufa. Es sollte aber wie ein Bad aussehen."*

Die Form folgt dem Aufbau einer antiken Villa: Im Atrium, dem Eingangsraum, steht eine prächtige Schmuckwanne aus grünem Jaspis, ein Geschenk von Friedrich Wilhelms Schwager, Zar Nikolaus I. Es

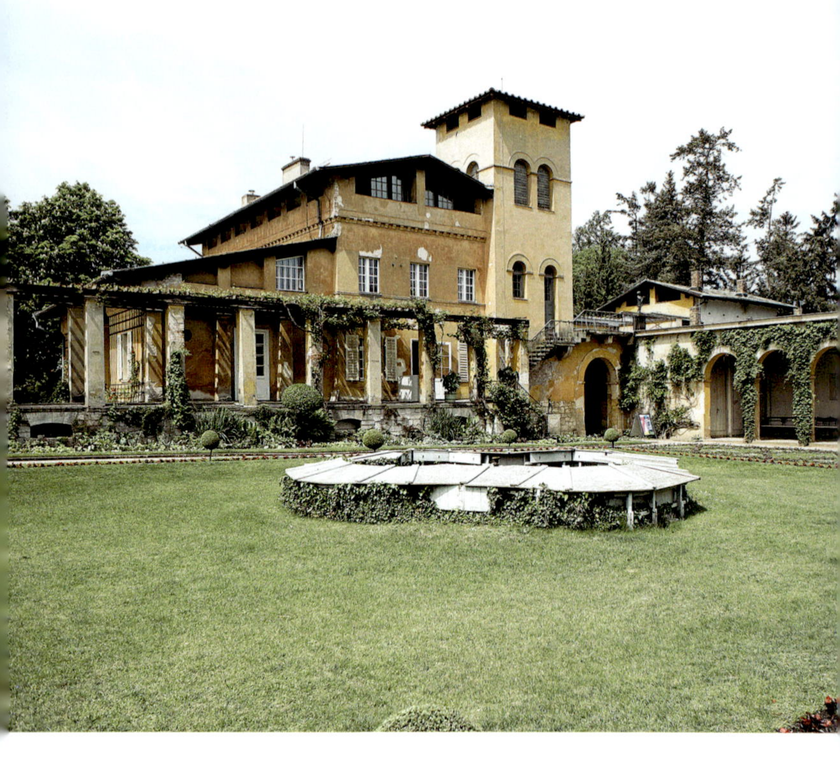

folgt das offene *Impluvium*, ein Raum mit einem Wasserbassin, in dem sich tatsächlich das Regenwasser sammelt. Ein kleiner Gartenhof ist als *Viridarium*, als grüner Ruhepol, gestaltet.

Und es gibt weitere Räume, die einer antiken Therme entsprechen: Etwa das *Apodyterium*, das Auskleidezimmer. Und schließlich der Höhepunkt, das Warmbad oder *Caldarium*: In den Boden ist ein Wasserbecken eingelassen. Vier anmutige weibliche Marmorfiguren tragen als Karyatiden das Gebälk des Oberlichtes. Höhepunkt des Raumes ist die Kopie des berühmten Mosaiks der Alexanderschlacht bei Issos im Jahr 333, das kurz zuvor in Pompeji ausgegraben

Römische Bäder, Potsdam

worden war. Ausgemalt sind die Räume im Stil pompejanischer Wandmalerei, teilweise nach Entwürfen von Karl Friedrich Schinkel.

Gleich am Eingang zu den Römischen Bädern lohnt noch der Blick auf einen seltsam anmutenden Brunnen an der Treppe. Diese führt zu einem *Stibadium*, einer überdachten Laube mit Ruhebank. Wasser plätschert aus dem Maul eines plattgedrückten Fischs und fließt über eine Muschel in einen offenen römischen Kindersarkophag.

Mit dem Bild eines Butts spielte Bildhauer Christian Daniel Rauch auf den Spitznamen Friedrich Wilhelms an. Der Butt war die scherzhafte Abwandlung des französischen Titels *Dauphin* – also Delphin – für den Thronfolger und ein ironischer Kommentar auf die Leibesfülle Friedrich Wilhelms. Der Kronprinz identifizierte sich durchaus mit seinem Spitznamen und verwendete das Symbol mitunter, um eigenhändige Zeichnungen zu signieren. Dem Charme dieser liebevoll bis ins Detail gestalteten Gesamtanlage kann man sich einfach nicht entziehen.

Friedenskirche mit Glockenturm (27)

Malerisch spiegelt sich die Basilika mit ihrem hochaufragenden Campanile aus gelblichem Backstein im Wasser des Teiches, der das Kirchenschiff umgibt. Dieses Bild kann man von einer halbrunden Sitzbank aus genießen, linker Hand vom Obeliskportal des Parks Sanssouci.

Wer den Parkeingang am Grünen Gitter, vom Luisenplatz kommend, wählt, betritt das Kirchenareal wie der frühere Kirchgänger zwischen Kabinett- und Pförtnerhaus. Die klösterliche Ruhe dieses Ortes nimmt einen sofort gefangen. Der Besucher hat das Gefühl, sich in südlichen Gefilden zu befinden.

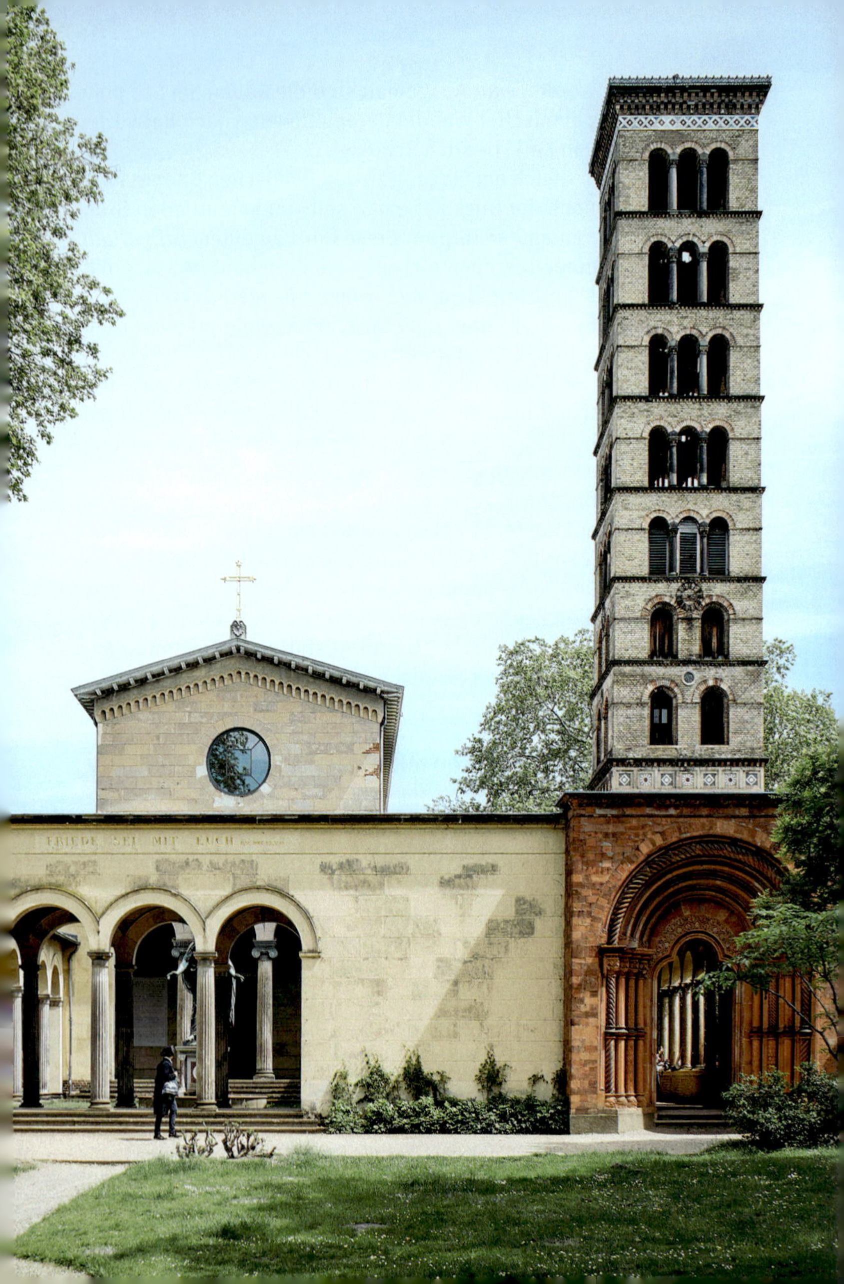
FRIEDE SEI MIT EUCH

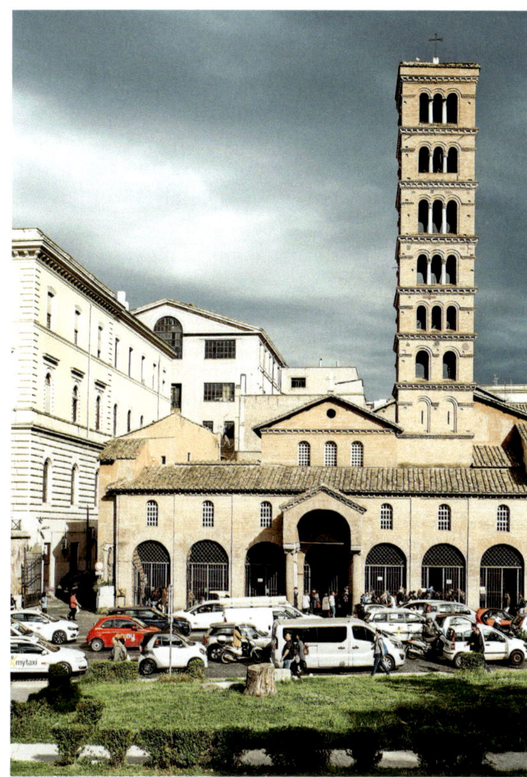

Santa Maria in
Cosmedin, Rom

Über einen Kreuzgang mit hohen Arkadenbögen, der einen Innenhof schattenspendend umschließt, gelangt man zum eigentlichen Kirchengebäude. Der Vorhof, ein von Säulen umgebenes Atrium mit einem rituellen Brunnen in der Mitte, stimmt ein auf die innere Einkehr. Die große Figur des Segnenden Christus von Bertel Thorvaldsen aus dem 19. Jahrhundert macht den klassischen Eindruck perfekt. Für das Ensemble der Friedenskirche, entworfen von Ludwig Persius und weiteren Baumeistern, sollten römische Kirchenbauten Modell stehen.

„Sie soll nach der Größe und dem Muster der Kirche St. Clemente in Rom erbaut werden. Das Mosaik von St. Cipriano ist zu employieren",

so verfügte es Friedrich Wilhelm IV. im Jahr 1841. Vor Augen hatte er dabei italienische Kirchen, die von frühen christlichen Gemeinden aus den römischen Markt- und Gerichtshallen umgestaltet worden waren.

Die Front vom Marlygarten aus und der freistehende Turm mit seinen sieben offenen Obergeschossen sind dem Eingang und Campanile von Santa Maria in Cosmedin in Rom nachempfunden. Für das Innere des Kirchenschiffs stand San Clemente Pate.

Beim Betreten des Kirchenraums fühlt man sich zurückversetzt in frühchristliche Zeit. Das liegt an der Architektur mit dem offenen Dachstuhl, dem Marmorfußboden mit farbigen Intarsien und den romanischen Bögen im Inneren sowie an den Fenstern. Der Blickfang in der Apsis ist ein original venezianisches Mosaik des 13. Jahrhunderts. Dieses hatte Friedrich Wilhelm während seiner zweiten Italienreise 1834 aus der zum Abbruch bestimmten Kirche San Cipriano auf Murano bei Venedig ersteigern lassen. In Einzelteile zerlegt und in Kisten verpackt, gelangte es auf dem Wasserweg nach Potsdam. Persius musste sich bei den Proportionen der Friedenskirche also nach der Größe des Mosaiks richten.

Der Grundstein für die Friedenskirche wurde übrigens am 14. April 1845 gelegt, genau 100 Jahre nach der Grundsteinlegung für Schloss Sanssouci. Sie sollte die neue Hofkirche sein, auf die der Freigeist Friedrich II. beim Bau von Sanssouci verzichtet hatte. Und zugleich diente sie für die wachsende Brandenburger Vorstadt als neue Gemeindekirche, in der der Regent gemeinsam mit seinem Volk Gottesdienst feierte.

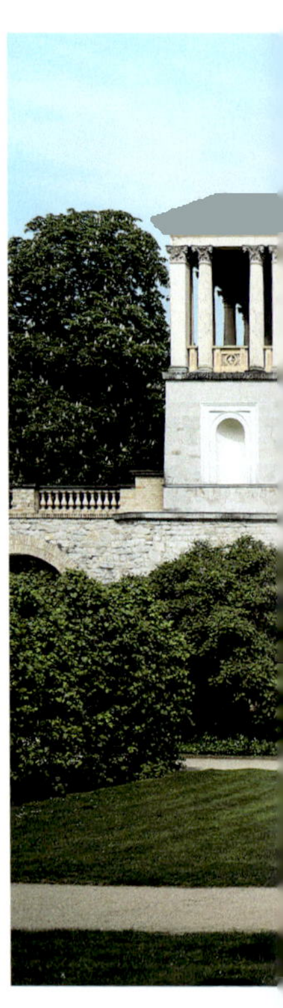

Belvedere Pfingstberg

Auf der Anhöhe des Pfingstbergs thront hoch über Potsdam ein Aussichtsschloss. Nirgendwo anders ist der Blick auf die preußische Residenzstadt und die Havellandschaft schöner und weiter. Auch die Architektur aus hellem Sandstein überwältigt mit ihren Ausmaßen: Zwei 25 Meter hohe Türme überragen die Baumwipfel. Eine offene Loggia mit Arkaden im Zentrum, seitliche Kolonnaden als Zugang zu den Türmen und ein großes Wasserbecken in der Mitte, in dem sich das Blau des Himmels spiegelt.

Belvedere auf dem Pfingstberg, Potsdam

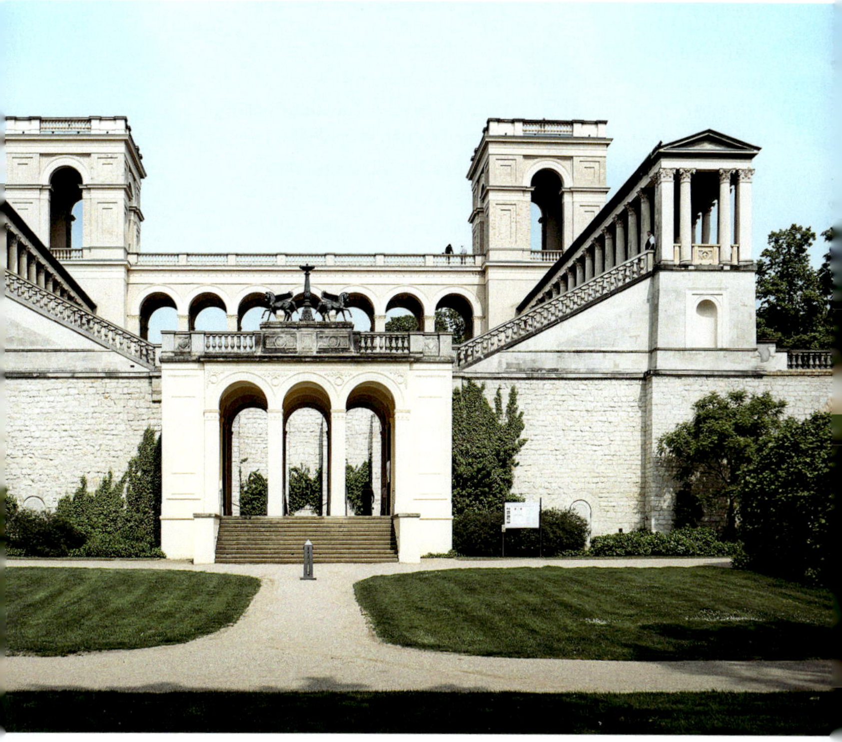

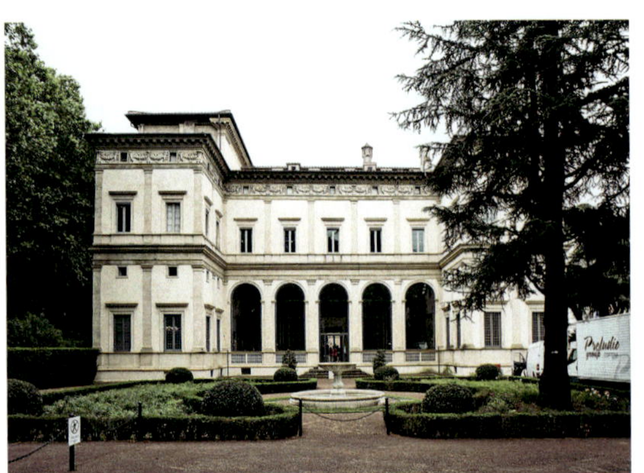

All das fügt sich zu einem großartigen Schlossbau zusammen, der nur einem Zweck dient: das Auge zu erfreuen und die abwechslungsreiche Landschaft um die Havelseen zu genießen. Friedrich Wilhelm IV. wollte den Pfingstberg mit einem architektonischen Höhepunkt krönen. Die Form erinnert an berühmte römische Villen der Renaissance. Sie zitiert markante Elemente wie die Loggien der Villa Farnesina in Trastevere und die Doppelturmanlage der Villa Medici. Beide Gebäude kannte Friedrich Wilhelm von seinen Rombesuchen. In seinen Reiseskizzen hielt er auch den Bau des Kasinos im Garten des Palazzo Farnese nördlich von Rom fest.

Mit dem Belvedere auf dem Pfingstberg schuf der preußische König sein eigenes italienisches Traumschloss. Erste Skizzen entwarf Friedrich Wilhelm bereits kurz nach seiner Thronbesteigung im Jahr 1840. Den ausführenden Architekten Ludwig Persius, Ludwig Ferdinand Hesse und Friedrich August Stüler blieb wenig Spielraum für eigene Ideen. Eine Zeichnung von 1856 zeigt die ursprünglichen Pläne einer grandiosen Anlage am Hang mit Treppen, Wasserläufen und Bassins. Realisiert wurde allein das Belvedere, der krönende Abschluss.

Wie bei vielen Projekten dieses Königs zog sich die Bauzeit über mehr als 15 Jahre hin. Die ersten Arbeiten begannen 1847. Die Fertigstellung des Belvederes auf dem Pfingstberg 1863 erlebte Friedrich Wilhelm nicht mehr. Er verstarb zwei Jahre vor dessen Vollendung.

Italienische Motive dienten auch als Vorlage für die Gestaltung der wenigen Innenräume: In pompejanischem Rot leuchten die Wände des Römischen Kabinetts im westlichen Turm, die mit Grotesken ausgemalt sind. Geflieste Mosaikbänder in Rot, Blau und Gold, Deckenmalereien und ein Marmorfußboden verleihen dem Maurischen Kabinett im gegenüberliegenden Turm ein exotisches Ambiente.

Unterhalb des Belvederes, nach wenigen Schritten durch einen romantischen Laubengang, lohnt auch der Besuch des kleinen klassizistischen Tempels für die römische Göttin der Früchte: der Pomona-Tempel. Er wurde bereits um 1800 unter dem Vorbesitzer des Areals als Teepavillon errichtet, nach Entwürfen von Karl Friedrich Schinkel. Der sonnengelbe würfelförmige Bau mit offenem Säulenportal zur Talseite und einer Dachterrasse gilt als Erstlingswerk des berühmten preußischen Architekten. Und mit Schinkels Wirken hielt der Klassizismus Einzug in Preußen.

Heilandskirche Sacrow 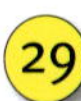

Wie ein Schiff ist diese Kirche auf einer Landzunge an der Havel vor Anker gegangen. Die Apsis schiebt sich wie ein Bug in den See hinein. Leise plätschern die Wellen gegen den Sockel. In der Fassade wechseln Bänder aus gelbem Backstein mit Streifen aus lichtblau glasierten Fliesen. Der offene Säulengang an den Wasserseiten verleiht dem Bau Anmut und Leichtigkeit. Von hier geht der Blick weit über das Wasser bis zur Glienicker Brücke und der Silhouette

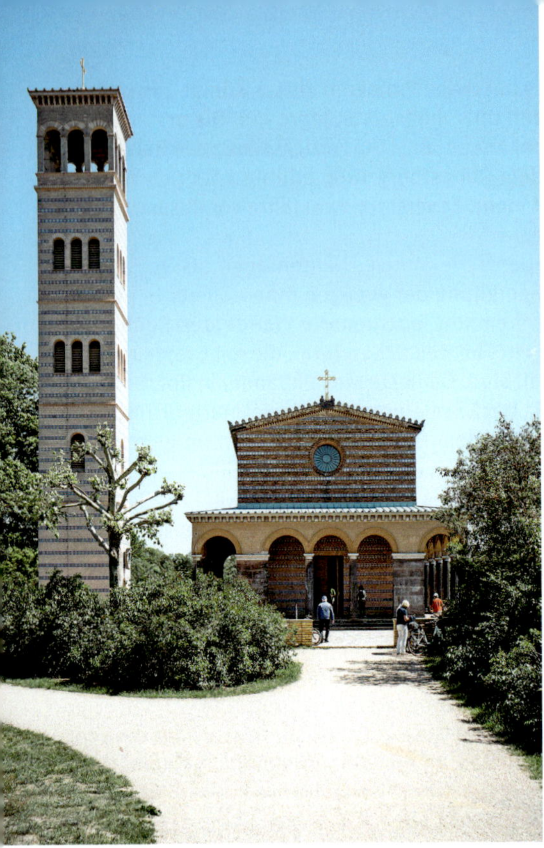

Potsdams. Hier kann man die Seele baumeln lassen – und zwischen den Säulen sogar die Füße.

Schräg gegenüber des Eingangs, der durch eine vorgesetzte Loggia geschützt ist, erhebt sich ein freistehender Turm mit offenem Glockengeschoss. Von dieser Seite wirkt die Kirche wie eine Miniausgabe der römischen Kirche Santa Maria in Trastevere. Anders als die dortige Basilika aus dem 12. Jahrhundert steht die Sacrower Heilandskirche aber nicht an einem Platz mitten in der Stadt, sondern liegt idyllisch am Wasser.

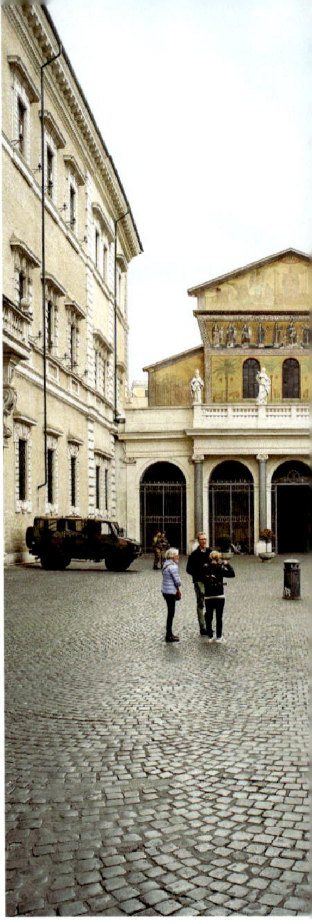

Heilandskirche (links), Potsdam

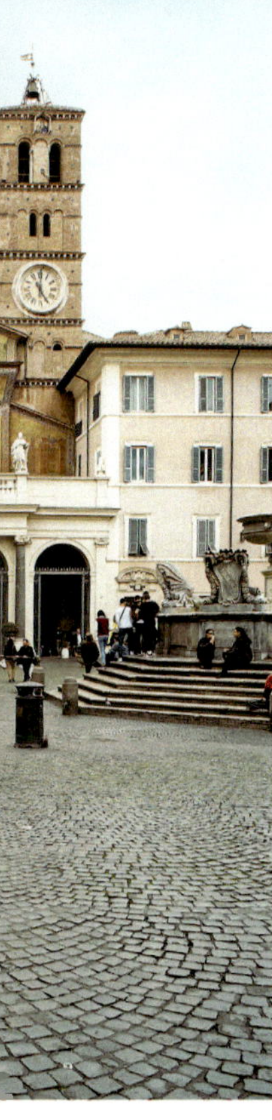

Santa Maria in
Trastevere, Rom

Schon als Kronprinz hatte sich der strenggläubige König Friedrich Wilhelm IV. mit dem Gedanken getragen, in Sacrow eine Kirche *„in italienischem Stil mit einem Campanile daneben"* zu errichten. Zahlreiche Skizzen entwarf er selbst, sie gaben die spätere Form vor. 1841 genehmigte er den Entwurf seines Architekten Ludwig Persius mit dem trockenen Befehl: *„Jetzt können Sie mal losbauen."* Der König bestimmte auch die lateinische Umschrift für das Kirchensiegel. Es ist ein Wortspiel mit dem Ortsnamen: *„S(igillum) Ecclesiae sanctissimi Salvatoris in portu sacro – Kirche des heilbringenden Erlösers im heiligen Hafen."*

Ein Schiff, das im sicheren Hafen des Glaubens vor Anker liegt, das sollte die Heilandskirche auch im übertragenen Sinn sein.

Im 20. Jahrhundert geriet die Sacrower Kirche jedoch in stürmische Gewässer. Mit dem Bau der Mauer im Jahr 1961, entlang der Grenze zwischen der DDR und West-Berlin, lag sie auf einmal im Niemandsland. Hier verlief der Postenweg der Grenzsoldaten und der zierliche Campanile wurde Teil der Grenzsicherung.

Erst kurz vor der Wende gelang es, die Kirche mit Spenden aus dem Westen vor dem Verfall zu bewahren. Heute bezaubert sie wieder wie einst mit dem gelb-blauen Farbenspiel der Fassade. Und auch innen erstrahlen der lichtblaue Sternenhimmel und das Christus-Fresko in der Apsis so schön wie bei der Kirchweihe vor 175 Jahren. An den Kalten Krieg erinnern nur noch die kyrillischen Graffiti-Einritzungen in der Fassade hinter den Kolonnaden. Den Frieden dieses romantischen Ortes an der Havel können sie nicht stören.

Schloss Glienicke 

Als „Große Neugierde" wird der offene gelbe Rundbau bezeichnet, der vis-à-vis der Glienicker Brücke
über die Parkmauer ragt. Er lädt ein zum Innehalten:
Säulen stützen ein flaches Dach und der hohe zylin-
drische Aufsatz ragt wie ein Finger in die Höhe. Den
festlichen Lichtpunkt auf der Spitze bildet eine goldene Schale, die schon von weitem sichtbar in der
Sonne glänzt.

„Große Neugierde" ist der passende Name dieses
Ausgucks. Hier kann man vom Spaziergang ausruhen
und das Treiben auf der Chaussee von Berlin nach
Potsdam beobachten. 1835 entwarf der preußische
Baumeister Karl Friedrich Schinkel den Aussichtspa-
villon für Schloss Glienicke in Gestalt eines antiken
Rundtempels. Das Vorbild dazu hatte er auf seiner
zweiten Italienreise 1824 in Tivoli gesehen und mehrere Zeichnungen davon angefertigt. Begeistert no-
tierte er:

*„Der Sibyllentempel und der runde herrliche Ves-
tatempel über der Grotte sind von der reizendsten
Wirkung. Der Vestatempel ist das Ideal eines runden
Tempels und seiner Verhältnisse."*

Um 1820 hatte Prinz Carl von Preußen, ein Sohn
Friedrich Wilhelms III. und seiner Gemahlin Luise, Glienicke erworben. Angesteckt von der Italienbegeiste-
rung seines Bruders, des späteren Königs Friedrich
Wilhelm IV., verwirklichte er hier seine eigenen italienischen Phantasien.

Den festlichen Auftakt zum Ensemble bildet der
Löwenbrunnen an der Straßenseite links vom Park-
eingang: Zwei vergoldete Löwen auf hohen schlanken
Säulen flankieren den großen Brunnen. Aus dessen
Mitte steigt eine Fontäne auf. Als Vorbild dienten
Schinkel – als er die Fontäne 1838 entwarf – die Lö-
wen vor der Villa Medici in Rom. Rechter Hand lädt ein
römisches *Stibadium*, eine überdachte Rundbank,

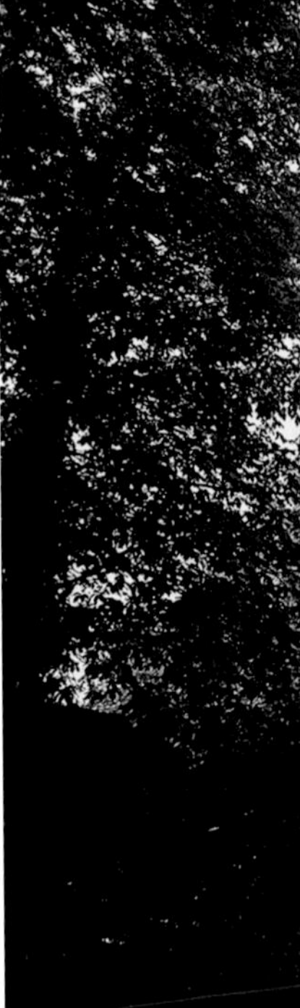

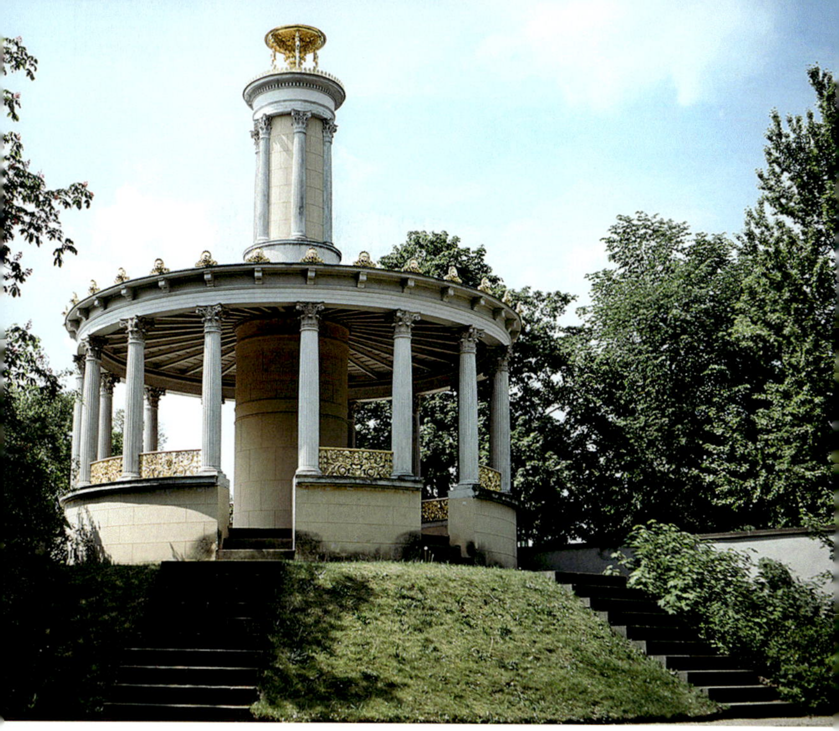

zum Verweilen ein. Das Zeltdach über den Säulen ist ausgemalt mit pompejanischen Motiven. Eine grazile Frauenfigur stützt als Pfeiler die Zeltspitze.

Das Schloss selbst liegt dahinter, eingebettet in eine abwechslungsreiche Parklandschaft. Man fühlt sich nach Italien versetzt, in ein Landhaus mit bodentiefen Bogenfenstern, flachem Dach mit Terrasse, Campanile zwischen zwei Schlossflügeln und einem zauberhaften offenen Gartenhof als Atrium.

Weitere Anklänge italienischer Kunst und Architektur lassen sich auf einem Spaziergang durch den Park entdecken. Der Gartenkünstler Peter Joseph Lenné inszenierte hier in Glienicke mit reizvollen Ausblicken auf Potsdam das preußische Arkadien jenseits der Havel.

Impressum

Autorin: Dorothee Entrup, Museum Barberini
Potsdam
Redaktionelle Mitarbeit: Sigrid Hoff, Marte Kräher
Koordination: Elvira Kühn, SPSG
Gestaltung und Satz: Hendrik Bäßler, Berlin
Fotos und Pläne: SPSG/Museum Barberini, Potsdam,
Henry Balaszeskul S. 6, 8, 9, 11, 12, 13, 16, 17, 18, 19,
21, 22, 23, 24, 25, 27 li., 29, 30, 34, 36 re., 38/39, 41,
42, 44, 46 li., 48, 50, 52, 53, 54, 56, 58, 60, 62, 63,
64/65, 66, 68, 69, 70/71
Helge Mundt S. 1
Lukas Spörl S. 4
Gallerie Nazionali di Arte Antica, Rom,
Photo: Alberto Novelli S. 7
SPSG, Hans Bach S. 27 re.
SPSG, Michael Lüder S. 32
Galleria Colonna, Rom S. 33
Vatican Museums, Courtesy of the Vatican
Museums/Gugganij, Wikimedia Commons S. 43
Académie de France, Rom – Villa Médicis, Assaf
Shoshan S. 45
Patricio Lorente, Wikimedia Commons S. 46 re.
Steffen Heilfort, Wikimedia Commons S. 39
Courtesy of Classical Numismatic Group, LLC,
www.cngcoins.com S. 49

© 2020 Museum Barberini gGmbH Potsdam,
Stiftung Preußische Schlösser und Gärten Berlin-
Brandenburg, Deutscher Kunstverlag GmbH Berlin
München
ISBN 978-3-422-98424-0